JLA
図書館実践シリーズ 22

図書館員のためのプログラミング講座

山本哲也 著

日本図書館協会

Programming lesson for librarians

(JLA Monograph Series for Library Practitioners ; 22)

図書館員のためのプログラミング講座 ／ 山本哲也著. - 東京 ： 日本図書館協会, 2013. - 160p ; 19cm. - (JLA図書館実践シリーズ ; 22). - ISBN978-4-8204-1309-7

t1. トショカンイン ノ タメ ノ プログラミング ニュウモン a1. ヤマモト,テツヤ s1. プログラミング(コンピュータ) ① 013.8

まえがき

　本書は，日本図書館協会出版委員会が，ICT（情報通信技術）を活用するための図書を発行するために，Code4Lib JAPAN に協力の依頼をしたことをきっかけに作られました。筆者はたまたまプログラミングを学ぶための教材サイトを趣味で作っていましたので，Code4Lib の方々にも関心を持ってもらい，こんな機会をいただくことになりました。もとの「教材サイト」とやらにご興味のある方は，筆者のウェブサイトである http://kirinwiki.com/ もご覧ください。

　筆者はかつて職業プログラマーだったことがありますが，現在は大学事務の仕事をしています。図書館関連のお手伝いをすることが今のところ多いのですが，そこでコンピュータの扱いにずいぶん困っている様子をしばしば見聞きします。もちろん事務分野全般でも同じで，図書館に限ったことではないのですが，特に図書館の仕事というものは，大量のデータをもっと効率的に扱うことで，強力な潜在力を発揮しうる職種なのではないかと思っています。

　筆者はいろいろな場面でいろいろな機能のちょっとしたスクリプト（プログラム）を書き，ある種の仕事をより早くできるように，より間違えにくいようにして，喜ばれてきたと自負しています。ですが，今まで自分がやっていた役目を交代するときにはいつも悩みます。プログラムを書ける人間が自分の仕事を継いでくれるとは限りませんから，今までに書

いたものが失われてしまうか，下手をすれば，持てあまして新しい仕事の邪魔にさえなるでしょう。

　こういう考えから，基本的なプログラム作成の技能について，やさしい解説を書いてみようと思い立ったというわけです。本書がそういったアイデアを十分に実現できているのか，それはまだ分かりませんが，本書に終わらず，今後も継続して自分の立場から，図書館に何らかの援助をしていけるといいなと思います。

　日本図書館協会とCode4Lib JAPANのコラボレーションから生まれた図書としては，2012年に発行された『新着雑誌記事速報から始めてみよう－RSS・APIを活用した図書館サービス』（牧野雄二，川嶋斉著）に続いて本書が二冊目であり，また今後も数タイトルが発行予定とのことです。読者のみなさまが，これらの図書は言うにおよばず，本書も何かのお役に立てて下さるよう願っています。

2013 年 7 月
山本　哲也

目次

まえがき　iii

●1章● はじめに …………………………………… 1

1.1 自力でプログラムを作るということ　2
1.2 本書の構成　5
1.3 サンプルデータのダウンロード　6

●2章● プログラミングをはじめるまで …………… 8

2.1 昔よりも簡単　8
2.2 どんな言語がある?　10
2.3 セットアップ　12
2.4 はじめの一歩　14
2.5 少しだけ込み入った計算　19
2.6 計算機としての用例　22

●3章● スクリプトファイルの作成 ………………… 25

3.1 プログラム　25
3.2 スクリプトファイル　26
3.3 テキストエディタ　34

●4章● プログラミングに必要な諸概念 …………… 37

4.1 変数　37
4.2 文字列　40
4.3 リスト　42

もくじ………v

目 次

4.4 辞書　46
4.5 条件分岐　48
4.6 繰り返し　51
4.7 ファイル　53
4.8 ファイル（書き出し）　56
4.9 関数　57

●5章● **事例・貸出統計** ･･････････････････････････････ 63

5.1 行数カウント　64
5.2 月ごとのカウント（辞書編）　66
5.3 月ごとのカウント（ブレイク編）　72
5.4 分類の集計・データの読み飛ばし　75
5.5 金額の集計・タブ文字区切り　78
5.6 タブ文字区切りと表計算ソフト　82

●6章● **事例・新着図書リスト** ････････････････････････ 86

6.1 HTMLの置き場所　88
6.2 文字エンコーディングについて　89
6.3 表を作るためのHTML　91
6.4 新着図書リスト　93
6.5 新着図書リストの修正　96
6.6 新着図書リストの修正・2　99
6.7 WEBアプリケーションって何？　102

●7章● **事例・返却期限の計算** ････････････････････ 104

7.1 pythonに機能を追加する（モジュール）　104

contents

7.2 calendarモジュール　105
7.3 datetimeモジュール　108
7.4 返却期限日の計算　111
7.5 返却日ルールの精緻化　114
7.6 日付の差の計算　122

●8章● 事例・日報データ　125

8.1 複数行でひとまとまりのデータ　125
8.2 複数のデータファイル　132
8.3 これでも全文検索　135

●9章● プログラムのライフサイクル　137

9.1 直す・捨てる　137
9.2 説明書　140
9.3 引継ぎ　143

●10章● 本書以降の発展　145

10.1 いくつかのプログラム要素　145
10.2 データベースへのアクセス　148
10.3 インターネットプログラミング　149
10.4 大規模なプログラム　152

事項索引　155

1章 はじめに

　この本は，コンピュータによるプログラミングをほとんど知らないというレベルの人に，自分に必要な仕事のいくつかを，簡単なプログラムをみずからつくって便利にできるようになってもらうことを目指すものです。筆者が今まで仕事をしてきた中では，図書館の中で使いそうなプログラムをよりたくさん書いてきました。ですから，この本のタイトルは，少々珍しいものではありますが，「図書館員のためのプログラミング講座」としました。

　おそらく，多くの人にとって，プログラミングという作業はとても難しいものと想像されることと思います。特殊な才能のある人が，何か難しい呪文のようなものを黙々と書いてそれを実行すると，何か不思議なことが起こって，便利な仕事をこなすことができる。こういうものがプログラミングについての一般的なイメージでしょう。もしかしたら魔法のようにさえ見えているかもしれません。

　確かに，この技術を習得することは，とても簡単，とはいい難いです。ですが筆者は，この技術は，職業プログラマーでない"ふつうの"人にとっても，学ぶ価値が十分にあるものだと信じています。プログラムといっても簡単なものや難しいものがありますが，その中でごく簡単なものを学んでみるだけで，ある種の仕事はとても効率的にすることができる

ものです。筆者自身も，そういう例をこれまでいくつも経験してきました。ぜひ，少しでも興味を持って，この技術を学ぶことに取り組んでみていただけるとうれしいです。この本では，もちろん簡単なものだけを扱います。簡単だけど役に立つ，というケースをいくつか想定して，実際の作成例を検討しながら本書を進めていきます。プログラム作成に必要ないろいろな概念も，そのつど，できるだけ平易に説明していきます。

1.1 自力でプログラムを作るということ

プログラムは，プログラミングを職業にしている専門家に依頼して作ってもらうもの，とお考えでしょうか。そうすべきときも多々ありますが，いつもそうではありません。

適当な例を挙げてみます。表計算ソフトで管理しているリンク集のようなものを，ある基準で並べ直して，それを機関のWeb（いわゆるインターネット）サイトに掲載するような必要があったとしましょう。そんなときに，それについての仕様を文書化し，業者に見積もりを依頼し，発注の手続きをし……といったことを行うことは合理的でしょうか。もしそうして何かができあがったとしても，それでは，その翌月に，リンク集の個々のリンクごとにちょっとしたコメントを付け足したくなったとしたらどうでしょう。また，分類をあらわすステッカーのようなマークを付け足したくなったらどうでしょう。手元のプログラムをカスタマイズするために，似たような手続きを幾度も繰り返すことになり，費用も時間も想定以上にかかってしまうように思えます。そこで，リンク集

を利用者にとって便利にしていくことを断念するか，自前でがんばって望む機能を実現するか，この分かれ目がやってきます。こんなとき，プログラミングの技術が威力を発揮できる機会が訪れます。

　カスタマイズの費用や時間が原因になって，仕事をよくすることが困難になってしまう，ということは問題だという意見があります。たとえば「図書館のIT化とは何であったのか(1)(2)」（西野一夫，『図書館雑誌』2007，101(10)，101(11)）という論文においても，日本における図書館IT化の問題点として「費用」「ベンダーロック」「過度のカスタマイズ化」といったキーワードが挙げられています（用語説明：「ベンダーロック」とは特定のメーカーの品を使い続けるしかなくなってしまう状況，「カスタマイズ」とは提供されたシステムに改変を加えて利用することです）。パッケージ販売（カスタマイズが要らないことを目指した既製品として販売）されている図書館システムに，自分たちの業務の独自のクセにあわせてカスタマイズを施しつづけることが〈システム開発〉なのだという〈誤解〉があったことが開発費を高騰させ，システムの合理的な運用さえ難しくしているというのです。

　この問題について，本書の立場で提案したいことは，業務においてよく生じる，その場に固有の「ちょっとした仕事」は，プログラミングの技術を使って自力で解決できるかどうかを検討してみてはどうか，ということです。「カスタマイズ」などとがんばってみなくても，案外，元になるデータさえ取得できてしまえば，あとは自力で十分に実現できそうだ，と気づけることもあるかもしれません。もし専門業者に頼めば，美しいレイアウトにあわせてレポートを出力してくれる

かもしれませんが，実際には必要な値だけ得られればよいのだとしたら，その分だけ単純な仕組みを自力で準備すれば足りるということになります。これはシステム関連の費用を軽減させることにつながるはずです。

　また，データを自前でいろいろ処理するという体験によって，自分たちが普段使っている情報システムが本質的に何を行っているものなのか，そもそも何をしてくれることが大事なのか，という意識も深められるでしょう。

　プログラミングの技術を使って自分のしたいことをより便利に行おう，という考えは，図書館業務に携わる側だけのことではありません。利用者の側でも，提供側から（特に Web から）与えられる情報を単に「閲覧」するだけではなく，この情報をもっと自分なりに加工・編集しながら活用するためにさまざまな研究・試行をすることがありますし，そのためのツールや情報源も年々充実してきています。私たちみずからがプログラミングに少し親しんでみることで，利用者のこういった動機を理解する契機も持つことができるかもしれません。

　去る 2010 年に，岡崎市立中央図書館の蔵書検索システムが利用者によってインターネットから「攻撃」されたとみなされ，その利用者が逮捕までされてしまうという事件がありました。この事件について，筆者の意見を簡単に言い尽くすことはできません。ただ，人がプログラミングによってやりたいことを実現するということは案外普通のことなのだ，という意識がもう少し広く持たれていたら，業界の耳目をさわがせるような大きな事件にはならなかったのではないか，と考えています。

ここまでいろいろとプログラミング習得の効用にあたるものを述べてみましたが，それはともかく，プログラムを書くことは楽しいことだ，と思っていただけることがまずは何より重要です。扱い方がわからずに途方に暮れていたようなデータが，あっけないほど単純なプログラムによって見事に望むように処理できたときは，うれしいものですよ。

1.2 本書の構成

　この本は，はじめにプログラミングの基本的な方法を紹介し，次に，それを使って実際の業務に近いサンプル事例をどう解決することができるかを示していく，という構成をとっています。

　プログラムと一口に言っても，WindowsやLinuxなどといった「OS」と呼ばれるものもプログラムの一種ですし，ワープロや表計算を行うソフトウェア，図書館の特定の仕事をこなすような専用のソフトウェアまで，それらはすべて何らかのプログラムです。こういったものは，本書で扱おうとするものよりはずっと複雑な種類のものですから触れません。かわりに，真っ黒な画面の中に文字だけが続々と現れるような種類のプログラムを扱っていきます。慣れないうちは，取っ付きにくくて難しく見えるかもしれません。ですが，知るべきことがより少なく，より簡単なのは，むしろこちらのほうなのです。

　はじめの数章は一般のプログラミング教本のような体裁をとりますが，これは網羅的な知識ではなく，この程度のことを知っていれば後の例が理解できる，という，最低限のもの

に絞っています。ですから，他のプログラミング教本などを併読しながら読み進める必要はありませんが，もう少し難しいことも含めて正確に学んでみたいという方には，参考文献を別に示すことにします。もっとも，後述することですが，あまり込み入った技法や難しい概念を要するプログラミングは，後の保守や，仕事の引継ぎの観点から，お勧めすることはできません。本書で紹介する程度のことで仕事が実現できるかどうか，ということを先に考えましょう。

　次に，いくつかのサンプル事例を紹介して，これらの課題をプログラミングというレベルから理解しなおし，それを実際に解決するプログラムを順次完成させていきます。事例には，貸出冊数の集計，HTML（Webブラウザで表示するためのものです）の生成，返却期限の計算，業務日報の検索，といったものを含めてみました。読者のみなさんがまったく同じ事例に遭遇するとは限りませんが，似たような要求にぶつかったときに，ここで紹介する方法の一部分は応用できるかもしれません。

　最後に，完成したプログラムを組織内でどう管理していくことが望ましいか，といった点などを検討し，本書では詳しく触れることのできない発展的な内容についてもいくつかの案内をする予定です。

　どうぞよろしくおつきあいください。

1.3 サンプルデータのダウンロード

　本書で作っていくプログラムでは，ひとまとまりのサンプルデータをいろいろな方法で処理していくというものが多い

です。このデータをそのまま本に掲載することは紙面に限界がありますし，それらをすべて写してコンピュータに入力することも現実的ではありません。かわりに，データがダウンロードできる場所を設けましたのでご利用ください。インターネットエクスプローラなどの Web ブラウザのアドレス入力欄に，http://yamamototetsuya.github.io/p/ と入力していただくとアクセスできます。今後，本文中で「ダウンロード：something.txt」と表記して，サンプルデータなどをこの場所からダウンロードできることを示すことにします。本文中で作成しているプログラムも，完成後のものが同じ場所からダウンロードできますので，手元で作ったものと照らし合わせて確認するなどご活用ください。

2章 プログラミングをはじめるまで

2.1 昔よりも簡単

　プログラミングを学ぶことは年々やさしくなってきている，と筆者は考えます。

　まず，プログラム言語そのものや，それを実行するための環境が進歩してきています。そもそもプログラム言語がなぜ存在するかといえば，それは，コンピュータを使った仕事を楽にこなすためです。コンピュータ（ここでは特にCPUという部品のことです）が直接に実行できるものは，一般にマシン語と呼ばれるものだけで，これはほとんどの人間には無味乾燥に見える信号の羅列です。これを直接駆使してやりたいことをこなすには，並ではない努力が必要です。なので，もっと人間にわかりやすい方法で書き表された"言語"をマシン語に置き換えてから実行させるという方法が一般的です。具体的には，FORTRAN，BASIC，C，COBOLなどといったさまざまな言語が発明され，より人間にわかりやすい形でプログラムを書くことが可能になってきました。現在でも，どういうプログラム言語が理解しやすく使いやすいか，という研究は進んでおり，日々，新しいプログラム言語の発明や，既存の言語の改良が行われています。

　ただ，人間にわかりやすいものほど，コンピュータにわか

ってもらうのは逆に大変になっていくという傾向があります。マシン語にはほど遠いものを，マシン語に"翻訳"するわけですから。この翻訳の仕事は大変複雑なもので，このためにたくさんのメモリ（記憶装置）が必要にもなりますし，プログラムの実行速度も遅くなっていきます。可能な限り高速で動作する必要があるプログラムは，現在でもマシン語やそれに近い言語で書かれています。

　とはいえ，ひと昔前と比較すれば，コンピュータの実行速度もまた飛躍的に高速化しました。また，記憶装置も大容量化しました。私たちが普段行おうとする程度の仕事で，「この言語はわかりやすいんだけど，遅いようだからやめておこうかな」などといった気遣いは，もはやほとんど必要ないでしょう。人間にとって学ぶのにちょうどよさそうなプログラム言語を，コンピュータ側に遠慮なんかしないで，迷わず選べばよくなったのです。

　プログラミングを学ぶことが容易になってきているもうひとつの理由は，インターネット上で必要な情報を得やすくなったことです。趣味でプログラミングの学習用サイトを運営している人もいますし，自分の学習記録をブログなどで公開している人もいます。学習に詰まることがあったとしても，それにかかわるキーワードを検索してみるだけで，膨大な（ときには膨大すぎる）情報が得られます。これで解決できる問題が多いですから，検索のコツさえつかめば，コンピュータの前にいながらにして，どんどん疑問を解決して学習を進めることができるでしょう。

　とはいえ，そういうインターネット上の情報源は，学習する人の理解レベルを必ずしも考慮してくれているわけではあ

2章　プログラミングをはじめるまで………9

りませんから,一からの入門のために活用することはやや難しいかもしれません。ときには,誤った情報や時代遅れになった情報が直されないまま放置されていることもあるでしょうから,見つけた情報をすべて信頼してよいのか,そこにも選択眼が必要です。ネット上で情報が得られることがプログラミング学習にとって圧倒的にプラスであることは,総じていえば間違いないのですが,最初は何らかの確かな"手ほどき"があることにも価値があるでしょう。

2.2 どんな言語がある?

この本では,使うプログラム言語として,python(パイソン)を選びました。pythonに似たタイプのプログラム言語には,ruby(ルビー)やperl(パール)といったものがあります。どれかひとつくらいは聞いたことがあるかもしれませんが,もちろんなくても構いません。何をもって「似たタイプ」とするのかについてもいろいろな意見があるでしょうから,ここも特にこだわることではないと思います。

どんな言語を使っても,実際に仕事に役立てることはできますし,無理に優劣をつけることはありません。一度にすべてのプログラム言語を学習することはできませんから,ここでは筆者がいちばん使い慣れているものとしてpythonを選んでいるまでです。たとえば周りにrubyに詳しい人がいたら,本書でこれから扱っていく例題について,rubyで似たようなことをするにはどうしたらいいの,と尋ねてみると,知識が広がったり,興味が深まったりするかもしれません。

他には,VBA(Visual Basic for Applications)というプログラ

言語をご存じの方もいるでしょう。VBAは，Microsoft Excel（以下，Excel）や，Microsoft Access（以下，Access）といったソフトウェアの内部で動作し，複雑なデータ操作をプログラム（マクロと呼ぶこともあります）として記述するための言語です。これを使いこなせると，ExcelやAccessを基礎にしたかなり複雑なアプリケーション（ソフトウェアとほぼ同じ意味です）を作ることができるようになるでしょう。ただ，ExcelやAccessといった有償の製品で動作するものである以上，基本的にはこれを購入しない限り使えないところが若干の問題です。自宅でちょっとプログラミングの学習をしてみたくなったときに，何かを買わされるのは少ないほうがよいですからね。

また，JavaScript（ジャバスクリプト）と呼ばれるプログラム言語も，よく耳にするかもしれません。これは，Webブラウザと呼ばれる種類のソフトウェア（インターネットエクスプローラのようなものです）の内部で主に動作する言語です。Webを閲覧していると，表示中の画面がおもしろく変化したり，便利に動作したりすることがあります。これらのすべてではないですが，多くの部分でこのJavaScriptが動いています。これもまた，学習に値する，興味深い言語です。本書がこれから紹介しようとする，データの処理の分野で使われることはまだあまり多くはありませんが。

あとは，PHP（ピーエイチピー），Java（ジャバ），C，COBOL（コボル），LISP（リスプ）……挙げていけば切りがないほど，いろいろなプログラム言語が存在します。それらのいくつかは，特定の使い道（Excelなどで動く，Webブラウザで動く，Webサーバーで動く，等）によく合うように作られています。

pythonは，特定の使い道に最適な言語というよりは，どんな用途にも使い勝手のよい言語のように思います。ただ，繰り返しますが，どの言語がどの言語より優れているということはありません。

2.3 セットアップ

本書でこれから順に紹介していくことは，単に読むだけでもよいのですが，実際に手元のコンピュータでも確認しながら読み進めていただくと，より実感を得られてよいと思います。動作の確認をするためには，お手元のコンピュータにpythonの実行環境がセットアップ（利用するための準備）されていることが必要です。あらかじめコンピュータ上でpythonが実行できるようになっていれば以下の作業は不要ですが，そうでない方は，下の手順で，インストーラ（セットアップを自動で行うためのツールです）を使ってセットアップをしましょう。数分で終わる作業ですし，もし不要になれば，あとから取り除くことも簡単です。pythonには現在大きくバージョン2とバージョン3がありますが，今回はバージョン2を使います。また，利用しているOSはWindows系とします。

pythonのインストーラを取得するには，pythonの日本語サイト（http://www.python.jp/）に行くのがよいでしょう。ここからpythonバージョン2系列の最新のインストーラを直接ダウンロードできますので，そうします。

インストーラを実行すると，いくつか質問されることがありますが，通常はすべてについて[Next]ボタンを押し続けれ

ば問題なくインストール（プログラムの配置と基本設定）が完了します。

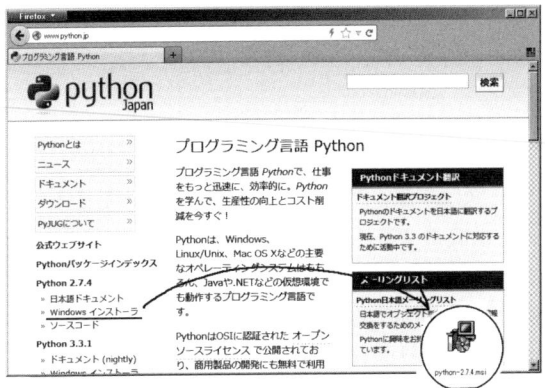

図2-1　ここからダウンロードします

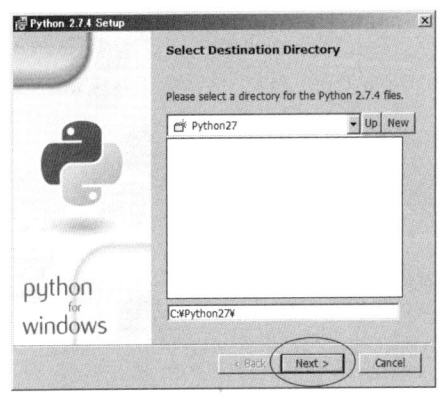

図2-2　2回とも「Next」を押すとインストールが完了します

この後，pythonの教本によっては，"環境変数"と呼ばれる

ものの設定を行うための指示もあるのですが、本書で試すような使い方をするだけならば、環境変数の設定は不要です。この用語の意味がわからないという方も、さしあたり気にしないで構いません。

さて、たった今コンピュータにインストールした、これは何でしょう？ pythonという名前のソフトウェアを入れた、というところまでは確かなようですね。前節で述べたように、コンピュータは本来、マシン語と呼ばれる命令で作られたプログラムしか実行することができません。ですが私たちは、このコンピュータの上で、pythonというプログラム言語で記述されたものを実行したいと思っているわけです。つまり、誰かがpythonで書かれたものをコンピュータに橋渡ししてくれないといけません。この役割を果たすソフトウェアを、たった今インストールしました。このソフトウェアの名前はpythonです。私たちがこれから書こうとしているプログラム言語そのもののことも、pythonと呼びます。いわば、これから、「pythonで、pythonプログラムを実行する」ということをはじめようとしているわけです。慣れれば何でもないことですが、ひょっとすると混乱してしまう方もいるかもしれませんから、念のために整理しておきます。

2.4 はじめの一歩

それでは実際にpythonを触ってみましょう。最初は、プログラムを作成するというよりは、pythonと"対話"してみることにします。一般に、プログラムというのは命令を実行順に並べて記しておくものですが、いくつかのプログラム言語

の実行環境では，対話モードといったものも提供しています。やってみるとすぐにわかるでしょうから，早速この対話モードをはじめてみましょう。

Windows系のOSなら，[スタート]ボタンからpythonの項目を探すことができるはずです。[すべてのプログラム]をさらに選んで，はじめて発見できるかもしれません。ともあれ，「python2.x」（xはいろいろ）という項目のさらに下に，"command line"という文言を含んだメニューがあるでしょうから，これをマウスクリックで実行すると，下のように，対話モードと呼ばれるものがはじまります。

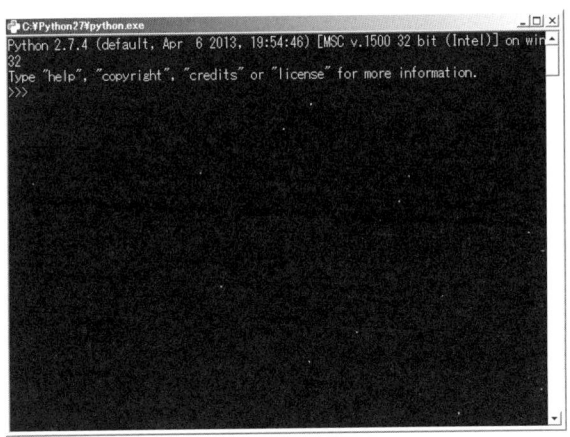

図2-3 対話モードが開始した様子

特段の設定をしていないときは，黒い背景に白い文字でこのようなものが表示されます。表示の最後に「>>>」と出てくるのは，ここに何か入力していいですよ，という意味です。この画面の中ではマウスクリックは利きませんが，入力可能

な位置にはいつもキャレット（点滅しているものです。カーソルと呼んでもよいです）がありますから，迷うことはないでしょう。

さっそくここに何か命令を打ち込んでみたいところですが，先に，この対話モードを終了させる方法を見ておきましょう。とはいっても，他の Windows アプリケーションと同様に，ウィンドウの右上にある閉じる [X] ボタンをマウスクリックするだけでよく，これでまったく安全です。もう少し格好よい（？）終了方法を試してみたい方は，「>>>」のある場所に「exit()」と入力して，最後に Enter キーを押してみましょう。

```
>>> exit()
```

exit はすべて小文字でなければいけません。また，いわゆる半角文字で入力しないといけません。「()」は，丸カッコを開く記号と，閉じる記号です。これも半角です。全角・半角という用語に慣れない方は，日本語入力モードでないときに入力できる，横幅が若干狭い文字が半角だと理解してください。プログラムを作成するときには，ほとんどの場合，この半角文字だけを使います。ともあれ，この「exit()」という命令に成功すると，先ほどと同様，対話モードのウィンドウが閉じられて，python の対話モードが正常に終了します。

対話モードの入力欄のあたりが，「>>>」でなく「...」になってしまうときがあるかもしれません。複数行にわたる命令を書くモードに入るとこうなるのですが，今は意図しないのに何かの誤入力でこうなることもあるでしょう。こういうときは，[Ctrl] キーを押しながら [C] で解消します。

次に，ちょっとした電卓として python を使ってみましょう。もう一度，対話モードを開始してください。そして，下のような足し算ができるかを試しましょう。入力の終わりごとに [Enter] を押すことも忘れずに。

```
>>> print 3990 + 3570
7560
>>> print 3990+3570
7560
```

　print は，その直後に示すものを画面に表示してください，という意味の命令です。必ず小文字で入力してください。print の直後にはひとつ以上空白（スペースキーで入力できます）を入れるのを忘れずに。

　プラス記号 "+" の両側に空白を入れても，入れずに縮めても，命令の意味は同じです。場合によって，見やすいと思うほうを選べばよいでしょう。足し算は "+"，引き算は "-"，掛け算は "*"，割り算は "/" です。いろいろと試してみてください。割り算の結果は，今のところ，期待と違う答えが出てきてしまうかもしれませんが，あとで説明します。

　三つ以上の数についても計算できます。下のとおり。

```
>>> print 105 + 148 + 135 + 105
493
>>> print 1000 - 210 - 515
275
```

　ところで，print と書くべきところを，PRINT や Print と書くとどうなるでしょう。

```
>>> PRINT 1+2
  File "<stdin>", line 1
    PRINT 1+2
            ^
SyntaxError: invalid syntax
>>>
```

　こういうものを，今後，エラーメッセージと呼ぶことにします。ここで出てきた内容をすっかり理解する必要はありませんが，メッセージの最後に"invalid syntax"と出てきたところにだけ注目しましょう。文法がよくないですよ，という意味です。pythonが定めている以外の書き方や，そのほかにも実行できないようなことを試すと，たとえばこんな内容のメッセージが出てきます。メッセージは簡単な英語です。別に怖がるようなことではありませんので，間違ったこともどんどん試せばよいですし，コンピュータが壊れるようなこともありませんので，心配はありません。メッセージが表示されたあとに，新たな「>>>」が出ていますから，気を取り直して別のことを試せばよいです。別に落ち込むようなことでもありません。

　この対話モードに限ってなのですが，"print"は省いてもよいです。ほぼ同じことが起こりますから，以後，これを省略しながら例を示します（実際はprintのある・なしで細かい差があるのですが，本書の範囲では問題になりませんから，説明を省きます）。

2.5 少しだけ込み入った計算

前の節までで，四則演算をする方法を示しました。これを自由に混ぜた計算も，もちろんできます。足し算・引き算と，掛け算・割り算が混じった場合に，計算順序がどうなるかを調べましょう。

```
>>> 10 / 2 - 2
3
>>> 1000 - 315 * 2
370
```

割り算と掛け算は，足し算と引き算に優先して計算されていることが，検算してみるとわかると思います。左の数から順々に右の数を計算していくのが原則なのですが，三つ以上の数を計算するときには，pythonは自動的にこの優先順位に従ってくれます。プログラム言語によってこういう優先順位には違いがあるのですが，少なくともpythonは私たちが直観的に考えるルールに従っています。

カッコ記号を使うと，計算の優先順位を明示的に指定できます。直前の例で，引き算を先にやってほしいんだ，ということを表現するには，下のようにします。

```
>>> ( 1000 - 315 ) * 2
1370
>>> (1000-315)*2
1370
```

これも理解しやすいでしょう。カッコの前後の空白も，省

いて構いません。

　掛け算を先に行うときも，筆者は，わざわざカッコをつけるときがあります。こちらのほうが，pythonが自動でやってくれる計算ルールに自信がないときも安心です。さらに，あとで読んでも誤解の心配がありません。

```
>>> 1000 - (315 * 2)    ※わざわざカッコをつける
370
```

　次に，割り算の少し細かいルールです。割り切れるものなら計算に問題はないですが，小数が混ざるはずの計算で，ちょっと戸惑うかもしれません。

```
>>> 100 / 3
33
```

　この結果は，多分期待と異なりますね。100割る3は，33.333333...とでもなってほしいところです。pythonは，整数と整数の割り算を見ると，答えを整数で出そうとする性質がありますから，こうなります。式のどちらかをあえて小数のように書くと，このときは答えも小数の形で得られます。

```
>>> 100.0 / 3
33.333333333333336
```

　おしまいの「6」が若干不可解かもしれませんが，今はこんなところで，おおむね実用レベルの値が得られたとしておき

ましょう。pythonは，小数を含む計算も"ほぼ"ちゃんとできるように作られています。本書ではこれ以降小数を扱いませんが，もしももっと精密な小数の計算がしたければ，pythonはこれに応える方法も完全に備えていますから，必要に応じて調べるとよいでしょう（かなり先取りした話題ですが，もしも情報源を検索するなら，Decimalモジュール，Fractionモジュール，といった用語で調べましょう）。

ここまで，簡単な計算をこなすための方法を紹介しました。これに加えて，pythonとは直接関係ありませんが，Windowsで作業するときのちょっとしたコツを二，三つけ加えます。

ひとつは，直前の入力内容を流用したいときです。Windowsのコマンドプロンプトでは，カーソル移動キーの[↑]を押すと，直前の内容が1行分入力できるようになっています。[↑]を何度も押すと，さらにさかのぼって過去の入力内容が出てきます。この機能を使うと，前回と少しだけ違う内容の命令を実行してみたいときに便利です。流用したい過去の入力内容を見つけたら，あとは[←][→][BackSpace]キーを駆使しながら必要な部分を直して，できあがったところで[Enter]を押せばうまくいくはずです。これはpythonの対話モードでも使えますので，ぜひ活用してください。いったんpythonを終了してしまうと入力履歴も失われますので，あくまで「ちょっと便利な機能」くらいのものですが。

もうひとつは，pythonの対話モードを素早く起動するための方法です。[スタート]ボタンからスタートメニューを開いて，何度もpythonを探して実行していると，Windowsの設定によっては，[スタート]を押した瞬間にこの項目が大きく表示されるようになっていきます。さらに，マウスボタンで[ス

タート] をクリックするのをやめて，キーボードの [Windows] キーを押すことでスタートメニューを表示させられますから，ここでカーソル移動キー [↑] [↓] を使って項目を選び，[Enter] を押すことで python の対話モードをはじめることができます。キーボード操作だけで python を使うことに慣れると，手早く python を電卓のように使いたいときに快適ですよ。

Windows 7 で提供されている「プログラムとファイルの検索」機能を使った対話モードの開始方法も挙げておきます。[スタート] ボタンを押すと，いろいろなメニュー項目と一緒に「プログラムとファイルの検索」という入力欄が表示されますから，ここに「python」と入力して [Enter] を押すと，対話モードがはじまります。ここもマウスクリックを使わずに，[Windows] キーを使ってメニューをひらけば，すぐに入力欄に入力ができるようになっていますから，より素早い起動が可能です。お試しください。

さあ，まずはここまでです。python を完全に習得することは簡単ではないのですが，これでももう，最低限には役に立てられるようになっているはずです。卓上電卓よりはずっと高度な計算機として python を使うことができます。ひとつ実例を想定しながら，どういう使い方ができるか考えてみましょう。

2.6 計算機としての用例

やや図書館の話に似合わない（？）例ですが，あなたは飲み会の幹事をしたとしましょう。昨日参加したのは 7 人。最初に一人あたり 4,000 円徴収したのですが，最終的には 22,800

円で済みました。これをどう清算したらよいでしょうか。

　暗算が得意な人なら問題ないのでしょうが、せっかくなのでpythonにあてはめます。ざっと下のような式を計算すればよさそうですね。

```
>>> (4000*7)-22800
5200
>>> ((4000*7)-22800)/7
742
```

　ひとつ目の式は、まず、余った金額がどれほどだったかを確かめるために作りました。掛け算は先に計算されるのですが、一応安心したくて、あえてカッコを使いました。結果を見ると、なるほど全体では5,200円余ったということになりますね。次の式は、前の内容をすべてカッコで包んで、人数分の7で割りました。実際には割り切れませんが、おおむね700円から800円くらい返せばよさそうだ、ということがわかります。少し入力が面倒そうですが、先ほど紹介した「入力履歴」をうまく使えばそれほどではありません。5200を直接7で割る式を書いてもよいのですが、計算過程も含めた式として作っていくほうが、あとで一部分を直したいときにより便利です。

　さて、あなたはこの旨をみんなに伝え、じゃあ一人あたり700円返すか、ということになりました。ところがそこで、参加者の一人だった課長が「ああ、僕はいいからみんなで分けなよ」と言ってくれたとします。それなら、先の余り額を6で割らなくてはいけません。こんなときも、入力履歴を使ってちょっと直すだけで対応できます。

```
>>> ((4000*7)-22800)/6
866
```

　この場合は，一人あたり 850 円ほど返せばいいかな，ということが即座に計算できました。しかし，そこで誰かがこういいます：「ちょっと待って，7 人のほかに，T さんが最初だけいて，2,000 円払って帰ったよね。あれを入れなきゃあ。」なるほど，そうでした。では計算式を下のように直しましょう。

```
>>> ((4000*7 + 2000)-22800)/6
1200
```

　これも入力履歴を呼び出して，「+2000」を書き入れただけです。T さんからは追加徴収も返還もしないと仮定すれば，あとの 6 人には 1,200 円ずつ返せることがこれでわかりました。めでたしめでたし。
　事例としてはあまり適切でなかったかもしれませんが，ちょっとした計算が試行錯誤で試せると，なかなか重宝なときがあるということを示すために，こんな例を挙げました。筆者自身も，この程度の使い方をするときはとても多いです。こんなものなら使ってもいいなあ，と思っていただけるとうれしいのですが，いかがでしょうか。
　最後にひとつ，用語の紹介をしておきます。足し算記号，引き算記号，掛け算記号……を総称して「演算子（えんざんし）」といいます。無理に覚えることはないですが，どこかで目にしたときに思い出せるとよいかもしれません。

3章 スクリプトファイルの作成

3.1 プログラム

　前章までは，pythonを対話モードでのみ使って，電卓として使える程度のところまでを確認しました。これだけでもそれなりに便利なもので，もう堂々と「私はpythonを使っているよ」と言ってよいくらいです。ですが，これはまだ"プログラミング"ではありません。命令を順に書いておいて，それを一度に続けて実行するようにできると，それはプログラミングと呼べるものになっていきます。今のところ，プログラムを作って行うほどの仕事はまだ紹介していませんが，それでも仮にひとつのプログラムを作って実行結果を見るところまでを順に紹介します。

　まず，スクリプトという用語の確認です。あまり明確な定義はないようですが，本書ではプログラムとほとんど同じ意味でこの言葉を使います。複雑なプログラムのことをスクリプトと呼ぶことは少ないですが，さしあたっての仕事をこなすために作った短いプログラムは，"台本"という程度の意味でスクリプトと呼びます。さらに，この言葉は，作ったプログラムを実際に動かしてみるまでの手順が少ないというニュアンスもあると思います。ファイルとして作成しますから，これをさらにスクリプトファイルと呼ぶこともあります。何に

せよ，すべてはプログラムのことだと読み替えて差し支えありません。

さて，下のような python プログラム（スクリプト）があるとします。どういう動作をするか予想がつきますか。

```
print 1+2
print 1+2+3
print 1+2+3+4
```

まだ実際には試せませんが，答えは下のとおりです。

```
3
6
10
```

単に，順に命令を実行してくれるだけです。プログラムとして命令を書くときには，今まで省略が許されていた print は必ず書いていなければいけません。なんだか対話モードのときより面倒になっているという印象ですが，今のところはこんな例でご辛抱ください。

3.2 スクリプトファイル

このプログラムは，テキストファイルとして作っておくのがルールです。テキストファイルとは何かという説明は難しいですが，まずは「メモ帳」で作ることができるファイルだと考えてください。メモ帳と聞いてもピンとこない方は，

Windowsで，[スタート]メニューから[アクセサリ]を選び，さらにこの下に[メモ帳]が見つかるでしょうから，実行してみてください。ああ，これのことか，とわかるでしょう。

　反対に，テキストでないファイルの例として挙げられるのは，一太郎やMicrosoft Wordなどの，いわゆるワープロソフトで作った文書ファイルです。これらはとても複雑な内部構造を持つファイルですから，pythonにとっては簡単に扱えるものではありませんし，これでプログラムを書いたとしても実行できません。最もシンプルなのはテキストファイルですから，まずはこれを扱える「メモ帳」の使用に慣れてください（テキストファイルを主に扱うためのソフトウェアを，一般にテキストエディタと呼ぶことがあります。後の節では，「メモ帳」以外のテキストエディタも紹介します）。

　次に，ファイルの拡張子について確認しておきます。Windowsにおいて，それぞれのファイルの名前には，ピリオド記号のあとに何文字かの英数字（拡張子と呼びます）がくっついていて，これがどういう種類のソフトウェアで実行されるべきなのかを示しています（たとえばExcelの場合は.xlsや.xlsxであることを思い出せる方もいるでしょう）。pythonプログラムは，.pyとするのが一般的です。今後このルールに従いましょう。しかしその前に，お使いのOSの設定を少し変更しておいたほうがよいです。ぜひ，ファイルの「拡張子（かくちょうし）」がいつも表示されるように設定してください。実は，Windowsの初期設定では，この部分がユーザーには見えないようになっています。ここは不便な点なのですが，利用者がファイル名を変更するつもりでうっかり拡張子も書き換えてしまわないための安全設計なのでしょう。初心者に

はよいのですが，プログラムを書こうとするなら，拡張子を含んだ正確なファイル名を知る必要が出てきますし，ここは少しの勇気をもって，拡張子がいつも表示されるように設定をしてみましょう。あとで元に戻すこともできます。

拡張子の表示設定の方法は，インターネット上で情報源を「拡張子 表示」で検索するとすぐに見つけることができますが，ここでは Windows7 での実例のみをお見せします。まずはコントロールパネルを開き（スタートメニュー内から見つかります），この中から「フォルダーオプション」という設定項目をさらに見つけて開きます（場合によっては，いったん「デスクトップのカスタマイズ」というメニュー項目を辿ってはじめて見つけられるかもしれません）。フォルダーオプションの設定画面が開いたら，[表示] のタブをクリックして表示画面を変え，その中の詳細設定欄に「登録されている拡張子は表示しない」という選択項目があるはずですから探して，チェックボックスを OFF にし，[OK] ボタンを押します。これで設定完了です。

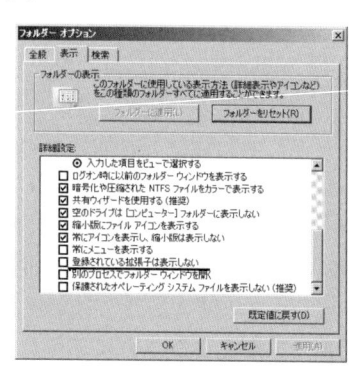

図 3-1 「登録されている拡張子は表示しない」を OFF

次に，今後作っていくプログラム（スクリプトファイル）を格納しておくための場所を作りましょう。どこでもよいですから，CドライブやDドライブの中の適当な場所に，フォルダを作ることにします。今のところは，デスクトップの上にフォルダを作るのは避けるほうがよいでしょう。デスクトップというものは，実際には少し込み入った名前をもつフォルダであり，これを直接指定するときに戸惑いがちというのが理由です。USBメモリなどを使っていて，CやD以外にも使えるドライブがあるときは，それらを選択してもよいです。この選んだドライブのすぐ下に，英小文字で，pystudyという名前のフォルダを作りましょう。pythonの学習，という程度の名前づけで，特段の意味はありません（今後，ここを作業フォルダとも呼ぶことにします）。実際にはフォルダ名は変えてもよいですが，漢字を含むフォルダ名は，今は避けておくほうが無難です。本書では，Dドライブにpystudyというフォルダを作ったという例で進めます。他のドライブを選んだ方は，適宜読み替えながら進んでください。

　さて，このフォルダの中に，最初のpythonスクリプトを作成します。first.pyという名前にしましょう。フォルダの中身を開くと，まだ空のはずです。この空白部分で右クリックし，[新規作成] → [テキストドキュメント] とします。そして，できたファイルの名前をすぐに変更します。拡張子（.txt）の部分もすべて直してしまって，first.pyにしてください。名前の変更に成功すると，このファイルを表すアイコン（絵）が変化します。通常どおりのインストールをしていれば，「.py」で終わるものはpythonスクリプトとして認識されるようになっていますから，このような見た目の変化が起こったのです。

ファイルの中身そのものは変化していません。

figure

first.py

図 3-2　python スクリプトを表すアイコン

次に，このファイルの内容を実際に編集します。いろいろな方法がありますが，まずはほとんどの環境で共通に試せる方法をとりましょう。「メモ帳」を起動しておいて，内容が空の状態で，この上に編集したいファイルをマウス操作でドラッグ＆ドロップするというものです。成功すれば，タイトルバーの部分に，編集中のファイル名が出てくるでしょう。これで編集がはじめられます。

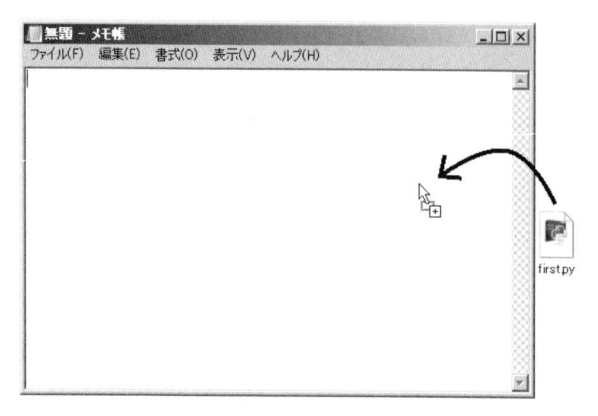

図 3-3　アイコンをここにドラッグ＆ドロップ

ここで，下のような内容を打ち込み，上書き保存します（あとで少しだけ修正しますから，まだメモ帳そのものは終了させないほうがよいです）。

```
print 1+2
print 1+2+3
print 1+2+3+4
```

　これで，最初のプログラム作成はほぼ終了です。あとは，このファイルのアイコンをダブルクリックすれば，これを python で実行することができます。試してみましょう。
　試してみた方にはおわかりでしょうが，何かが一瞬だけ画面に表示されて，すぐに消えてしまったことでしょう。python は実行するものがなくなるとすぐに終了してしまいますから，これで正常な動作なのですが，もちろん今はこれでは不便です。さっきの編集中のプログラムに，さらに1行だけ付け足してもう一度保存してください。

```
print 1+2
print 1+2+3
print 1+2+3+4
raw_input()
```

　この上で再度実行を試すと，うまくいった場合は，実行結果を表示した状態でいったん止まるでしょう。raw_input() という命令は，キーボードから何かを1行入力するというものです。本来の利用法とは違うのですが，これで，[Enter] を押

すまでプログラムの進行が止まるようになりました。この命令のことは本書ではこれ以上説明しませんが，しばらくはこんな"常套句"としての使い方があるのだと思っても構いません。

図3-4 実行終了後に結果が残っている様子

この方法を使っても，もしもスクリプトの内容に記述ミスがあったときは，pythonは途中で異常終了し，raw_input() さえ実行してくれませんから，エラーメッセージが表示されるとしても，相変わらず一瞬で画面が消えてしまいます。ミスがすべて修正されない限り実行確認がはじめられないのは困りますから，次は，"コマンドプロンプト"からpythonスクリプトを実行する方法を紹介します。慣れない人には少し面倒に思えるかもしれませんが，いろいろな場面で活用できることですから，ぜひ覚えてください。その際，今編集している first.py から raw_input() の行は削除して，再度上書き保存しておいてください。

コマンドプロンプトを開始するには，[スタート]メニューから[アクセサリ]を探し，この中に[コマンドプロンプト]

が見つかるはずですから，ここをマウスクリック等で実行します。慣れてきたら，[スタートメニュー]の中の[プログラムとファイルの検索]欄や[ファイル名を指定して実行]欄にcmdと打ち込んで[Enter]を押すのも素早い方法なので，覚えてもよいでしょう。

　今から実行する一連のコマンドは，pythonではなく，Windowsに直接指示するものです。

　コマンドプロンプトを扱うときの留意点として，いつも"現在位置"を気にすべきという点があります。この現在位置を，先に作ったpystudyフォルダにすることが，最初に行うべきことです。このため，まずpystudyフォルダを作ったドライブを，「d:」などとして命令して指定します（打ち込み終わったら[Enter]です。また，ここは選んだドライブ名によって異なります）。次に，いったんドライブの一番上位に「現在位置」を移動しましょう。「cd¥」という命令がそれです。今回は，一番上位にフォルダを作ったはずでしたから，この下にpystudyフォルダがあるはずです。「cd pystudy」でここに移動できるはずです。

　ここまで問題がなさそうなら，次に「dir」と命令を入力してみてください。さっき作ったfirst.pyが含まれていることが確認できれば，意図どおりです。これをこの場で実行しましょう。first.pyとだけ打ち込んで[Enter]を押せば実行できます。pythonが普通にインストールされていれば，「.py」という拡張子に反応して，このスクリプトファイルが自動的にpythonで実行されるはずです。このときは，raw_input()などといった不自然な方法を使わなくても，実行結果が勝手に消えることはありません。また，エラーが発生した場合もちゃんとそ

の内容を確認することができます。今後，作ったスクリプトの実行結果を確認するために，もっぱらこの方法を使いますので，ぜひ慣れておいてください。

　一度ここまで操作したら，この「コマンドプロンプト」の画面は，端に寄せておくか最小化しておいて，あとで必要に応じて再利用するようにすると，同じことを何度も繰り返さずに済んで合理的です。

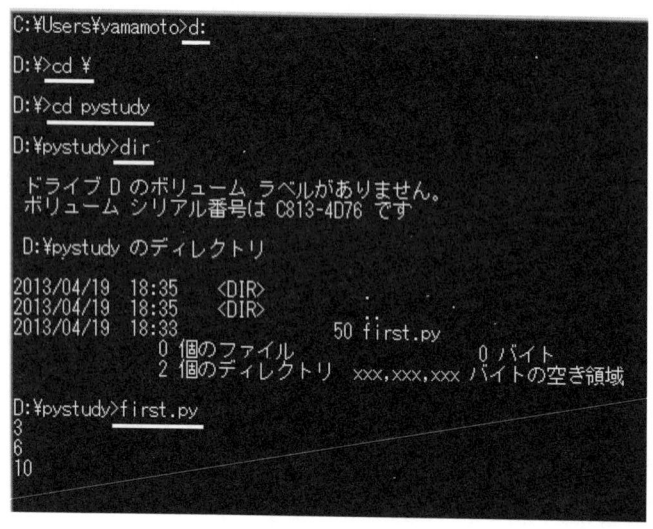

図3-5　実行した様子

3.3 テキストエディタ

　さて，「メモ帳」を使えばpythonのスクリプトファイルが一応は作れることを確認しました。ですが，これはあまり使

いやすいテキストエディタとはいい難いでしょう。

　大きな問題として、「半角空白」「全角空白」「タブ文字」をそれぞれ見分けることが難しいという点があります。pythonスクリプトを書くにあたって、これらの記号を誤って使うと、プログラム全体が動作しなくなることもしばしばですから、注意しなければなりません。全角空白は、漢字入力モードで入力できる、幅の広い空白記号のことです。漢字入力以外で使われる半角空白とはまったく違うものとして扱われますから、たとえば「print 2+3」と書こうとしてprintと数式の間を全角空白にするだけでも、エラーの原因になります。また、[TAB]キーを押したときに、キャレット（カーソル）が横に大きく飛ぶことがあるのをご存知でしょう。これもまた通常の空白に似ていますが、「タブ文字」と呼ばれるまったく別の文字です。「メモ帳」では、いったん入力した半角空白、全角空白、タブ文字は、その付近をマウスクリックしてキャレットを置いてから、[→]や[←]のカーソル移動キーを押してみると、その移動幅からだいたい推測することができます。しかし、これは、効率のよい操作とはいいかねます。快適なプログラム作成のためには、ぜひ、これらの空白文字とタブ文字が見分けやすいものを選んで導入することをお勧めします（タブ文字は、タブ記号と呼ぶこともあります）。

　「メモ帳」以外のたいていのテキストエディタは、この「半角空白」「全角空白」「タブ文字」を簡単に見分けられる工夫がありますから、何を使ってもまずは大丈夫です。筆者は「サクラエディタ」というソフトウェアを普段使うことが多いので、今後はこれを使ったサンプル画面をお見せすることがあります。このソフトウェアは、執筆時現在、無償で利用する

ことができ，高度な機能をあえて使わなくても，「メモ帳」並みに素直な使い方をするときにも違和感がありません。また，インストーラを使ってこのソフトウェアを導入しておくと，ファイルのアイコンを右クリックしたときに「SAKURA で開く」というメニュー項目が出てくるようになりますから，スクリプトファイルを編集するときの操作が素早くできます。特にこだわりがないうちは，最初はこのテキストエディタを使ってみてはいかがでしょうか。

　サクラエディタについての情報は，執筆時現在，http://sakura-editor.sourceforge.net/ から得られます。web ブラウザのアドレス欄にこの文字を入力してアクセスします。インストーラの取得もここからできます。

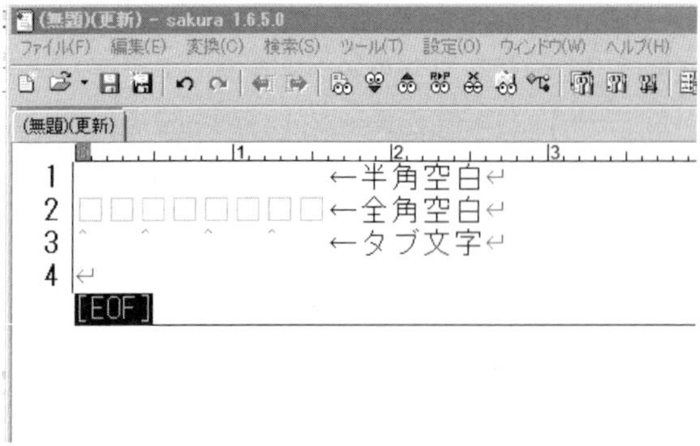

図 3-6　半角空白，全角空白，タブ文字が見分けられる様子

4章 プログラミングに必要な諸概念

　この章では，プログラムを実際に行うために必要な概念というか"考え方"にあたるものを順次挙げて紹介します。今までの電卓のような使用例はまだ常識で間に合う範囲でした。ここからは，人によっては初めて知るような考え方が出てくるかもしれませんが，わかってみれば便利なものばかりです。この先の章の例題では，この章で述べることをある程度把握していることが前提になっていきます。大事な部分ですので，ぜひ読んでください。

4.1 変数

　最初に紹介するのは，変数（へんすう）と呼ばれるものです。この言葉自体の意味を気にする必要は，あまりありません。数学にも"変数"という用語があるようですが，これに捕らわれないほうがかえってよいのではないかと思います。
　変数というのは，まずは「名前のついた箱」とでもイメージしましょう。この中に何かを格納しておくことができます。格納してみるものは，まずは扱いなれた「数」がよいでしょう。下の例を，今回は対話モードから試してください。

```
>>> a = 100
>>> print a+1
101
```

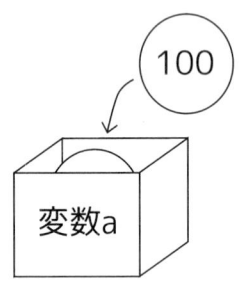

図 4-1　変数 a に 100 を入れるイメージ

　うまくいけば，101 という結果を確かめることができるはずです。ここでは，「a」が変数です。「a = 100」というのは，a が 100 と等しい，という意味ではなく，a に 100 を入れる，という意味の記法です。最初に混乱する点ですので，まずここに注意しなくてはいけません。「イコール」と呼ぶと，こういう誤解に陥りやすいので，ここを仮に口に出して読むなら，「a に 100」くらいにしておきましょう。このおかげで，次の命令に書かれた print の中では，数のかわりにこの変数を使うことができました。a には 100 が入っているのですから，足し算の答えは 101 です。

　変数の名前は，a でも b でも，または 2 文字以上のものを使っても構いません。これは人間側の都合（読みやすさ）に合わせてよいところです。たとえば，予算にあたるものを変数に入れたいときに，その名前を「budget」とでもしておけ

ば，あとでそのプログラムを見たときに，きっとわかりやすいと思えるはずです。ただし若干の命名ルールはあって，数字ではじまる変数名は禁止です。また，アンダースコア「_」記号は，変数の名前の一部に使うことができますが，他の記号はダメです。ハイフン記号「-」なんかは使えそうに思えるのですが，これでは引き算に見えてしまうから，意図どおりに行きません。また，変数の名前として，すでに何らかの意味・何らかの機能があるもの（今までの例では，printや，raw_input）を使ってはいけません。無理に使うと，それが変数なのか他の機能なのかが非常に混乱したことになってしまいます。利点のないことですから，避けるに越したことはないでしょう。

変数の使い方として，下のようなことも可能なことを見ておきましょう。

```
>>> a = 100
>>> a = a + 1
>>> print a
101
```

順に考えれば難しくありません。最初に変数aに100を入れ，次にaに「a+1」の結果を入れます。つまりaには足し算の結果である101が改めて入ることになりますから，最後に行うprintでは，この中身である101が表示されるというわけです。このように，変数の中身を変化させながら扱うことができるのが面白い点です。"変"というだけのことはありますね。

4.2 文字列

　変数には，数だけが入るのではありません。「HELLO」のような，文字のまとまりを入れることもできます。こういったものは，「文字列（もじれつ）」と呼ばれます。とてもよく使われる用語なので，ぜひ覚えるべきところです。pythonにおいて，文字列は，両端をクォーテーション記号「'」，またはダブルクォーテーション記号「"」で囲んで表します。この記号そのものは文字列には入りません。"HELLO"と書かれていたら，それはHELLOということです。

　普段はクォーテーションとダブルクォーテーションのどちらを使っても構わないのですが，ちゃんと囲み始めと囲み終わりの文字は揃える必要があります。そうしないと，どこまで文字列なのか区切りがわかりませんからね。これと同じような理由で，たとえば文字列の中に「'」を混ぜたいようなときは，囲む記号としてはダブルクォーテーションを使わなくてはいけません。途中で文字列が終わったかのように見えてしまうからです。対話モードからこのことを試すことができます。

```
>>> a = 'What's up?'
  File "<stdin>", line 1
    a = 'What's up?'
              ^
SyntaxError: invalid syntax
```

　思ったとおり，エラーが出てしまいました。'What'まででひとつの文字列だとみなされましたから，じゃあ残りは何な

の，となるわけです。

```
>>> a = "What's up?"
>>> print a
What's up?
```

これなら OK です。意図どおりの表示ができることを確認しておいてください。同様に，ダブルクォーテーション記号が混じる文字列は，ただのクォーテーションで囲んでください。

でも，ひとつの文字列の中に「'」も「"」も両方混じる，ということは，当然ありえます。そんなときは，文字列の囲み記号とされたくない部分は，特別な意味を持つ記号「¥」を頭に付けて，python がそれを見分けられるようにしておけば大丈夫です。たとえば下のようなことです。

```
>>> a = "What's ¥"python¥"?"
>>> print a
What's "python"?
```

python という語の左右にくっついているこれ（¥"）が，このダブルクォーテーションは，文字列の囲みじゃなくて，そのままの文字として扱いたいんだよ，という意味の書き方です。

「¥」自体を文字列として表示させたかったらどうすればよいのか，と疑問に思う方がいるかもしれませんが，そのときは「¥¥」と書けば「¥」1 文字分として扱われます。これで，どんな文字でもほぼ文字列として書き表せるはずです。

4章　プログラミングに必要な諸概念………41

文字列について，まず知るべき点としてはここまでにしますが，あと1点だけ挙げておきます。文字列は，日本語を扱うこともまったく問題なく可能です。ですが，対話モードにおいてはいろいろと理由があって，日本語をうまく扱うのが難しいことがあります。さしあたっては，対話モードでは日本語の扱いを試さないほうがよいでしょう。スクリプトファイルの中に日本語の文字列を登場させることは問題ありませんから，そのときに改めて日本語を混ぜてみることにします。

4.3 リスト

　さっきまでの例で，たとえばaという変数には，数も入るし，文字列を入れることもできるのだと知りました。すべてのプログラム言語で同じようなことができるわけではないのですが，pythonにおいてはこれが大きな特徴となっています。だから，変数を一目見ただけでは，その中身にどんな種類の「値」が入っているかが判断できません。この点は，まずはプログラムをちゃんと書いて，いろいろな変数を紛らわしく扱わないように気をつけて対応しましょう（数か文字列かがはっきりしないときは，今後「値（あたい）」と書くことにします）。

　さらにもうひとつ，変数に入れることのできる「値」の種類を紹介します。複数の，たとえば10個の数（や，文字列）が並んだものを，それ全体をひとつの「値」として変数に入れてしまうことができるのです。この「並んだもの」を，pythonでは「リスト」と呼びます（似たものに「タプル」というものもありますが，本書では説明しません）。

[0] [1] [2] [3] [4]
変数a(リスト)

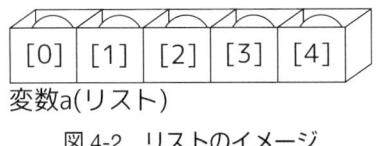

図4-2　リストのイメージ

例を見てからもう少し説明します。対話モードで下のまねをして試してください。

```
>>> a = [1, 2, 3, 4, 5]
>>> print a
[1, 2, 3, 4, 5]
>>> print a[2]
3
```

最初にaに入れたものは、角カッコで両端を囲み、それぞれの値をコンマ記号「,」で区切ったものです。これで、5つの値から成る「リスト」がaに入ったことになります。だから、print a を実行してみたら、その中身がこのように表示されました。

変数にリストが入っているときは、最後の例のa[2]のような書き方で、「先頭から何番目の値を得たい」といった指定ができます。最初は1番目ではなく「0番目」と数えるのがpythonのリストを扱うときのルールなので、[2]は、先頭から3番目の値という意味になります。つまり、ここでは3ですね。aの中身がリストである場合は、こういう書き方が可能です。a[2]の2の代わりに、数字の入っている変数をあてはめてもよいですよ。

4章　プログラミングに必要な諸概念………43

```
>>> a = [1, 2, 3, 4, 5]
>>> b = 3
>>> print a[b]
4
```

　角カッコの中は，数として扱える限りは，こんなふうにあらかじめ数を入れた変数を使うこともできるのです。同様に，a[1+2]などといった書き方もできますから，試しておいてください。この場合は，「3」番目の値として，先頭から4番目の4が結果として得られるはずです。

　リストの中身のひとつを変化させることができます。変数に値を入れる方法と似ていますが，これに角カッコの表現を足すのです。

```
>>> a = [1, 2, 3, 4, 5]
>>> a[3] = 100
print a
[1, 2, 3, 100, 5]
```

　リストの中の値には，文字列が入ってもよいです。また，数と文字列が混在しても問題ありません。

```
>>> a = [1, 2, 3, 'hello', 5]
>>> print a[3]
hello
```

　実は，リストそのものも，ひとつの「値」とみなすことができます。変数にリストが丸ごと入るくらいですからね。だ

から，下のようなことができます。やや驚かれるかもしれませんが。

```
>>> a = [1, 2, 3, [11, 12, 13], 4]
>>> print a[3]
[11, 12, 13]
>>> print a[3][1]
12
```

　これは，リストの中のひとつの値が，さらにリストである，という表現です。そして，a[3][1] のように，リストの中の3番目の値の，その値の中のさらに1番目の値，といった指定もできるというわけです。このくらいの入れ子のリストはときどき扱うことになるでしょうから，あまり驚かないで済むようになっておきたいところです。

　リストが変数にまるごと入る，という様子がうまく呑み込めないでしょうか？　もしかしたら，変数を「箱」のイメージでとらえていることと関係があるかもしれません。イメージでは，箱をずいぶん大きくしないと，リストが入れられないですからね。この「箱」のイメージを，少し変えてみましょう。代わりに，変数を，名前のついた「フック」だと思ってみてはどうでしょうか。これだと，ひとつひとつの数や文字列もこのフックに引っかけられますし，リストのような大きいものもぶら下げられます。値が「入っている」のではなくて，値が「結びつけられている」のですね。このイメージのほうが，実際の python の内部表現にも近いですから，もしお好みに合えば，こちらのイメージを頭に浮かべて考えてくださるとよいでしょう。本書ではこれからも「変数に値を入

4章　プログラミングに必要な諸概念………45

れる」という表現を続けますが，実際には「結びつける」というとらえ方もできるのです。

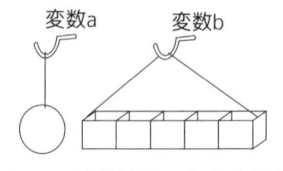

図 4-3 変数はフックのよう？

4.4 辞書

「辞書」の説明をします。数，文字列，リスト，に加える，もうひとつの「値」の種類，それが辞書です。もとは dictionary と呼ばれていたものを訳したから「辞書」といいますが，別に，言葉から想像されるようなモノモノしいものではありません。

辞書もリストと同様，いくつかの値を格納しておくためのものです。リストと違うのは，値が順番に入っているのではなくて，索引のような形で入っている点です。下の例を見ればイメージが具体的になるでしょう。

```
>>> a = {'name': 'yamamoto', 'age': 39}
>>> print a['name']
yamamoto
>>> print a['age']
39
```

変数a(辞書)

```
name ○─○ yamamoto
     age ○─○ 39
     job ○─○ programmer
```

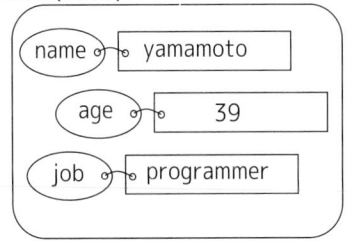

図 4-4　辞書のイメージ

　辞書であることを表現するには，リストのときと少し違って，囲みを波カッコ「{}」で書く決まりです。中身の表現は，コロン「:」で区切っているときと，コンマ「,」で区切っているときがあることに気づきますね。まずはコロンでくっつけて「ペア」をつくり，この「ペア」をコンマで複数並べてあります。ペアのひとつ目は索引の名前，ふたつ目が索引に対応する値です。索引の名前のほうには文字列を使うのが典型的で，値のほうは，数値でも文字列でも，リストでも入れることができます。

　こうして辞書を作って変数に入れたあと，a['name'] といった書き方で中身を調べることができます。'name' で索引できる値は何か，ということです。このときの答えは，'yamamoto' という文字列ですので，例のような結果が得られます。'age' も同じですね。なるほど，言われてみれば「辞書」のようなものだ，とも理解できるでしょうか。

　リストの値を変えるときと同様，辞書の中身も変化させることができます。また，索引と値を増やすこともできます。最初に空っぽの辞書を作って，そこに改めて索引と値を足すよ

うな例を下に挙げました。空っぽの辞書を入れるときの表現 {} にも注意してください。また，辞書自身を print しようとするとどういった表現で出力されるのかも注意してください。

```
>>> a = {}
>>> a['cat'] = 'NEKO'
>>> print a
['cat': 'NEKO'}
```

辞書は，使いこなせるととても便利なもので，プログラミングをするための「部品」として優れています。どんな活用が可能か，それは後のお楽しみにしましょう。ちなみに，辞書そのものもひとつの「値」ですから，変数にももちろん入ることができますし，リストの中身のひとつに辞書が現れるという表現も可能です。さらには，辞書のある索引に対応する値がさらに別の辞書である，といったことも可能です。込み入ってくると，簡単にはイメージできなくなってきそうですが。

ところで，辞書の索引のことを，今後「キー」と呼ぶことが多いので，覚えておいてください。

4.5 条件分岐

このあたりから，対話モードだけで実験を進めるのは少し無理が出てきますので，スクリプトファイルを作って試しながら進みましょう。はじめに紹介するのは，「もし○○だったら，こうする」という表現で，プログラミングをするには欠くことができない要素です。

下のような中身のファイルを，jouken.py という名前で作業フォルダ内に作って，まずは実行結果を確かめましょう。やり方に迷ったときは，前章までの説明を参考に。

```
a = 100
if a > 80:
 print "GOUKAKU!"
```

　実行結果として GOUKAKU! と表示されましたか。
　スクリプトファイルでは漢字を含む文字も扱ってよいのですから，このチャンスに，さっそくそれも試すことにしましょう。下のようにスクリプトを直して，改めて結果を確かめましょう。

```
# coding:cp932

a = 100
if a > 80:
 print "合格!"
```

　日本語を含むスクリプトを書くときには，最初の1行目に「# coding:cp932」と書かなくてはいけないという決まりがあります。これは，python に「これから書いてあるものは日本語が混じっているからよろしくね」と伝えるためのものです。プログラムの一部としては扱われませんが，いつもこの1行を書き足すことをしばらくはクセにしてください（補足：cp932 というのは，Windows で使われるシフト JIS エンコーディングの呼び方です。お手持ちのエディタが，ファイルを保存するときのエンコーディングは何にするかを聞いてきたときは，

シフト JIS，Shift JIS，といった選択肢を選んでください。「メモ帳」なら，特段の指定をしない限り大丈夫です）。

「合格！」という実行結果を確認できましたか。できたところで，改めてこのスクリプトの意味を説明します。ifという記述の下に「条件」を書くことと，ifの下に「字下げ」された部分を書くことが新しい点です。字下げは半角の空白記号で書きます。何文字分の空白でもよいですが，ここでは1文字です。タブ文字で空白をつくるのは，慣れないうちはやめるほうが無難です。字下げのことを「インデント」と呼ぶこともあります。

ifの下には，下の字下げ部分に進むための「条件」を書きます。条件の書き方はいろいろありますが，ここでは「もしaが80より大きかったら」という意味に書きました。条件のおしまいには，コロン「:」をつけます。aに100を入れてからこの条件を調べましたから，この例では条件成立です。よって，字下げ部分が実行されました。

条件を「満たさなかったとき」に何かしてほしいときは，これに else: という部分を書き足します。スクリプトを下のように直してから実行してみましょう。

```
# coding:cp932

a = 100
if a > 80:
 print "合格!"
 print "よかったですね。"
else:
 print "不合格..."
 print "次回はがんばりましょう。"
```

```
print "プログラム終了。"
```

　このスクリプトでは「合格」の場合しか起こりませんが、最初のa=100の部分で80より小さい値を入れてみたりして、実行結果の変化も確かめましょう。字下げ部分が複数行にわたっても、ちゃんと期待どおりに動作することも確認しておいてください。また、合格の場合も不合格の場合も、「プログラム終了。」というメッセージは表示されることも理解しておきましょう。ここは字下げしていませんから、ifの影響範囲に入っていないのです。

　条件によって違う処理を行うためには、このif文を使いこなすことが必須です。

　ところで、実際にプログラムをつくりながら本書を読み進めていると、エディタの画面とコマンドプロンプトの画面を何度も切り替える必要が生じます。これをマウスクリックで行ってもよいのですが、Windowsでは、[Alt]キーを押しながら[Tab]キーを押すと、これらを素早く切り替えられますから、必要に応じて試してみてください。

4.6 繰り返し

　特定の処理を何度も繰り返したいときは、たとえば下のように表現します。loop.pyという名前のスクリプトファイルとして新たに作成し、実行を試してください。

```
a = [1, 2, 3, 4, 5]
for i in a:
 print "hello"
```

成功すれば，hello という表示が5回されるはずです。for
《変数名》in《繰り返されるもの》: という書き方に適当なも
のをあてはめれば，それが繰り返しの指定となります。繰り
返される処理は，その下に書く字下げされた部分です。

　繰り返されるものは，ここではリストです。中身が5つあ
るから，5回繰り返されました。i という変数は何に使われる
かというと，繰り返しが起こっている間，リストの中身ひと
つずつがそのたびこの変数に入るようになっています。下の
ようにスクリプトを変更して確認するとわかります。

```
for i in [1, 2, 3, 4, 5]:
 print "hello"
 print i
```

　繰り返されるものとしてリストが使えることはわかりまし
たが，もし100回繰り返したいときは，すごく長いリストを
書かなくはいけないかというと，そんなことはありません。
xrange という書き方を覚えれば，これとほぼ同じことが，数
を指定するだけでできます。下の例を試しておいてください。
100を1000に変えても，10000に変えても，ちゃんと期待ど
おりに動きます（長々と実行結果が出てきますから，途中で
止めたくなったら [Ctrl] を押しながら [C] キーを押すと実行
中のスクリプトを中断できます）。

```
for i in xrange(100):
 print i
```

　繰り返されるものとして使えるのは，リストや xrange だけ

ではありません。下で紹介するように,ファイル(特に,テキストファイル)もまた「繰り返し」の対象として扱うことができるのです。

4.7 ファイル

ファイルを「繰り返す」というのは,最初は何のことだかわからないでしょう。しかしこれはきわめて便利なことですので,ぜひ呑み込んでいただきたいところです。

まずは,「繰り返し」に使うためのテキストファイルを何か適当に作りましょう。いつもスクリプトファイルを作っているのと同じ作業フォルダに data.txt というテキストファイルを作って,中身は(なんでもよいのですが)下のようにでもしておきましょう。

```
first line
second line
last line
```

次に,これを扱うためのスクリプトファイルを作ります。readfile.py という名前にしましょう。中身はまず,下のようにします。

```
f = open('data.txt')
for i in f:
 print "line:"
 print i
f.close()
```

4章 プログラミングに必要な諸概念………53

実行結果を確認しましょう。data.txtの内容が1行ずつ表示されましたでしょうか。テキストファイルを「繰り返す」というのは，実はpythonでは「1行ずつ内容を読み込む」という意味で扱われるのです。

　このスクリプトの中身を説明します。最初にfという変数にopenを使って入れたものは，「ファイルを表す目印」です。ファイルの内容そのものではありません。変数には数や文字列，リストや辞書が入るものですが，いわばここでも新しい「値」の種類が現れたことになりますね。もはやそれって「値」と呼んでよいのだろうか，とも思えてしまいますが，確かにそういうものなのです。そして，このfを繰り返しの対象として，順番にi変数経由でその中身を調べていくと，テキストファイルの1行ずつが得られるようになっているのです。データは文字列として入ります。

　ファイルの中身をすべて読み終わってしまうと，繰り返しは終了し，そして最終行のf.close()が実行されます。f.close()は，fを目印として開いているファイルの用事が済んだことを明示的に示すときの書き方です。closeは省略してしまっても，スクリプトが終了したときに自動的に同じことが起こりますから実際にはあまり問題ではありません。筆者自身もときどきcloseを書くのを怠けますが，たいていの場合は大丈夫です。

　ところで，上のスクリプトの実行結果は，少し縦に間延びしていませんか。具体的には，ファイルの1行ずつをprintしているはずなのに，なぜか空の行も混じって出てきていませんか。printという命令は，指定された何かを表示したあと，自動的に改行をしてくれます。そして，iに入ってくる「1行

ずつ」の文字列データにも，改行そのものが含まれています。
ですから，合計ふたつの改行が各行末で起こってしまったというわけです。

　「改行」というのも，実は文字の一種なのです。これを知るために，下のような命令を，対話モードで試してみましょう。

```
>>> print "first¥nsecond"
first
second
```

　「¥n」というのは，改行記号を表すための特殊な書き方で，実際には1文字分です。printしてみると，本当に改行として扱われていることがわかりますね。これと同様，先のテキストファイルを1行ずつ読み込むと，1行分の終わりの改行記号も含めて変数iに入ってくるのです。

　これを避けたければ，1行ずつ読み込んで表示するときに，「最後の1文字は取り除く」という処理をすればよいです。改行記号は必ず最後の1文字なのですから。下のような書き方でこれを実現できます。スクリプトを直して試しましょう。

```
f = open('data.txt')
for i in f:
 print "line:"
 print i[:-1]
f.close()
```

　文字列が入っている変数に [:-1] というのを付け足したのがミソです。これは，文字列の最後の1文字だけを取り除いた

4章　プログラミングに必要な諸概念………55

もの，ということを表現するための書き方なのですが，詳しい説明はあとにします。ともかく，これで実行結果は少しスッキリしますね。改行も文字なんだ，ということをわかっていただければ，今は OK です。

4.8 ファイル（書き出し）

ファイルに何かを書き出すときの方法も紹介しておきましょう。読み込みのときと部分的には似ています。下の例をまず見ましょう。スクリプトファイルの名前は writefile.py とします。

```
f = open('data2.txt', 'w')
for i in xrange(10):
 print >>f, i
f.close()
```

最初に変数 f に入るものは，「ファイルを書き出すための目印」です。open するときのカッコの中身（こういうのを今後「引数（ひきすう）」と呼ぶことがあります）に，'w' という指定をこうやって足しておくと，このファイルは書き出しに使うために準備されます。書き出しと読み込みは今のところ一緒には行えませんから，つまり f は書き出し専用の目印となります。書き出すときのファイル名は，想像されるとおり，data2.txt です。

この f に向かって実際に何かを書き出すときは，今までやっていた print に，ちょっとした印を書き足します。>>f, というのがそれで，これによって print される場所が，いつもの画

面上ではなくて，fで表されるファイルの中であるという意味になりました。この例だと，1，2，3…という数が1行ずつファイルの中に書き込まれていくことになります。実行結果は一見して何も表示されませんが，終了後にできあがっているdata2. txtというテキストファイルの中身を確認すると，確かにちゃんと動作したことがわかるでしょう。

　ファイルの書き出しが終わったことを示すときのf.close()は，読み込みのときと同じです。ただし，ファイルの書き込みのときは，すべて終わった後，なるべくちゃんとcloseするようにしておきましょう。closeのタイミングではじめて，ハードディスクに実際の書き込みがされることがあるためです。

　'w' をつけてファイルの書き出しをすると，openの瞬間から，書き出しファイルはいったん空っぽになります。だから，このスクリプトを何度も実行しても，結果のファイルが大きくなっていくわけではありません。もし追加的な書き出しをしたいときは，'w'でなくて 'a' と指定してファイルをopenするのですが，本書ではこれ以上説明しません。

　とにかく，ファイルにデータを書き出すときに，今までと同じようにprintが使えるのだということがわかっていただければ，ここでは十分です。

4.9 関数

　この章の最後に紹介する概念は，関数（かんすう）というものです。数学で使われる関数のことは，ここでは思い出す必要はありません。「かんすう」という名前の何か別のものなん

だ，というくらいでよいです。pythonでいう関数は，「同じような仕事」を何度も行うときに，何度も似た命令を書かずに済ませるための機能と捉えることができます。下の例をまず試してみましょう。スクリプトファイルはfunc.pyとしてください。

```
def say_hello():
 print "hello"

say_hello()
say_hello()
```

defというのが，今から関数の記述をはじめますよ，という書き方です。その次が関数の名前，その次のカッコの中が，この関数を使うときの引数です（今回は空です）。関数の名前は自由につけてよく，命名ルールは変数と同じです。行末のコロン記号も必要なので忘れずに。そして，その下に続く字下げ部分が，関数の中身として実行させたい，いわば「ミニ・プログラム」です。defで関数を記述している間は，まだ実行はされません。実際にこの部分を実行するために関数を呼び出しているのが（関数の実行を「呼び出す」と表現することがあります），その下に2つほど書いた，say_hello()です。引数がないときも，必ず開いて閉じただけのカッコ記号は必要です。一度だけつくったsay_hello関数が，簡単に2回繰り返して実行できたことが確認できるでしょうか。

まったく同じ仕事をさせたい場合は今のように書くのですが，「少しだけ違うんだけど，おおむね同じような仕事」をさせるときにも，関数をうまく使うことができます。このとき

は，関数は引数を受け取ることにし，その値によって動作の内容を変えるように書けばよいのです。下の例のようにスクリプト（func.py）を直して，まずは動作を確認しましょう。

```
def say_message(mes):
  for i in xrange(2):
    print mes

say_message("are you sleeping?")
say_message("brother john?")
```

```
（実行結果）
are you sleeping?
are you sleeping?
brother john?
brother john?
```

今回は，say_message という関数が，mes という名前の引数を受け取るように書かれました。これは，say_message 関数の中では，変数と同じ動作をすると考えてよいです。一方，say_message 関数を呼び出すところでは，引数としてカッコの中に（ここでは）文字列を渡しています。mes 変数に何かを入れるとはわざわざ書かれていませんが，関数の中身を実行するときは，そのつど，mes 変数に渡されたものが入っている状態からはじまります。

say_message 関数の中身（全部で2行）は，まず全体が字下げされていて，その中で2回繰り返したい動作があるために，繰り返し内容の部分がさらに字下げされているという点に注意してください。このように，字下げ範囲は入れ子にして表現できます。同様に，関数の中で if を使った条件分岐も書け

ますし，ifの条件分岐の中で，繰り返しの処理を書くことも，順々に字下げを深くしていくことで表現が可能です。1回あたりの字下げをどれくらいにするかは自由に決めてよいのですが，決めたら決めたなりに一貫させておかないと，pythonはこの入れ子関係を正しく認識できなくなってしまいますから，注意してください。pythonにとって字下げは，見やすさだけの問題ではなく，厳密な「文法」の一部なのです。

　関数の機能としてここで最後に挙げるのは「戻り値（もどりち）」です。これが一番，数学でいう「関数」に似たものでしょうか。関数は，その呼び出し元に，結果の値を返すことができるのです。下の例（triangle.py）を試してみてください。

```
def triangle_surf(base, height):
 return (base * height / 2)

s = triangle_surf(20, 5)
print s
print triangle_surf(25, 8)
```

```
（実行結果）
50
100
```

　ここで作ってみた triangle_surf は，三角形の面積を計算してくれるという関数です。公式は，ご存知のとおり（底辺×高さ÷2）です。引数がふたつあるときは，呼び出すときと受け取るときでそれぞれこう書くのだと，まず知ってください。これを計算する式を作って，それを最後に return という

命令で何かしているというのが，この関数の内容です。

returnは，関数の中で使われるためのもので，関数を呼び出した元に結果の値を返すという意味があります。この値が「戻り値」です。呼び出し元がどう戻り値を扱っているかを見ると，最初の「底辺20，高さ5」の三角形の面積は，変数sに入れられています。だから直後にその内容をprintしてみると，50が出てきました。もうひとつの「底辺25，高さ8」の三角形の面積は，変数には入れずに直接printされました。これでもよくて，ちゃんと100という結果が続いて表示されているはずです。

ここまで，関数の作り方と使い方の例を挙げました。最初のうちは，どういった仕事を関数として作ればよいのかを判断するのはなかなか難しく，試行錯誤が必要です。関数を作るのがうまくなると，プログラムそのものも洗練されていくものです。ですが，さしあたっては基本的な作り方と使い方まで確認できればよいです。

pythonで最初から使える関数が，いくつかあります。今まではあいまいに「命令」などと呼んでいたものですが，カッコを使って何かの処理をさせるものは，ほとんどすべてが関数です。今まで出てきたもののうち，openやxrangeは，さまざまな種類の引数や戻り値を持ちますが，やはり関数です。pythonで最初から使える関数は「組み込み関数」，defを使って自分たちで作る関数は「ユーザー定義関数」と呼ぶことがありますが，使い勝手としてはまったく同じもので，見分けはつきません。ですから，関数を新しく作るということは，ある意味，プログラム言語の機能を拡張することとも考えられます（もっとも，pythonを終了するたびに，ユーザー定義関

数はすべて消えてしまいますが）。

　pythonには、「モジュール」という形で、今までにたくさんの利用者・開発者の寄与で作られたさまざまな機能の関数（ないし、関数的なもの）が、すぐに使えるように大量に準備されています。モジュールの使い方は後の章で少しだけ説明しますが、先人の成果を簡単に自分たちにも再利用できるようにしてくれている基本的な仕組みが、この関数というものです。関数の中身がどう作られたかを知らなくても、引数と戻り値のルールだけがわかっていれば、それだけで関数は使えるのですから。自分たちが、今後、うまく使えて便利なプログラムを作ったときは、それを上手に関数に仕立てて、どんどん再利用できるようにしたいものです。

　以上で、プログラムをつくるための基本的な概念、考え方の部品となるものを、駆け足で説明しました。これらをうまく組み合わせると、さまざまな仕事を効率よくこなすことが可能になっていくわけで、いわばパズルのようなものです。とはいえ、だいたいのパターンは決まっていますから、そんなに心配することはありません。

5章 事例・貸出統計

　この章からは，仕事で実際にありそうな状況を想定しながら，これをどういうプログラムを作ってこなすことができるかを考えていきます。前章までで説明をかなり簡略にとどめたことも多いですから，それも適宜補いながら進めます。最初は，テキストファイルの形でたくさん蓄積されているデータを，いろいろな視点で集計するというものです。とてもよくあるパターンです。

　さて，あなたの手元には，こんなデータがあるものとします。

```
2012/04/01,A,007
2012/04/01,A,410
2012/04/01,B,336.8
...
```

　これは資料貸出履歴から必要な項目を抜き出したことを想定した架空のデータで，コンマ記号でそれぞれの項目が分かれるデータだとわかります。コンマで値の項目が区切られたテキストファイルを，CSV（Comma-Separated Values）といいます。1行あたり三つの項目に分かれていて，これの意味がそれぞれ（貸出日，端末，資料分類）であることがわかってい

ます。それぞれの行は日付の順番で並んでいます。

このサンプルデータは，bjournal.txt として準備してあるものとします（ダウンロード：bjournal.txt）。

5.1 行数カウント

まず，簡単な集計をやってみましょう。月ごとの貸出冊数を出すことにします。でもその前に，まずは全レコードの数を調べてみましょう。スクリプトファイルは，journal1.py にします。

```
# coding:cp932

# 貸出冊数を集計する（まず全行）
count = 0
f = open('bjournal.txt')
for line in f:
 count = count + 1

print count
```

これは今までの知識だけですべて理解できるはずですが，少し目新しい，行頭のナンバー記号「#」のことはまだはっきり説明していませんでした。これは，python には無視される行です。かわりに，人間にとって役に立つメモ書きを，スクリプトの中に書き込んでおくために使えます。一般に "コメント" と呼ばれるものです（先頭行の「#」も，実行時には無視されるのですが，この書き方に限って，スクリプトに日本語が混じっていることを宣言するという特別な意味もあります。

これは前に述べたとおり)。

countという変数を，ファイルの内容を1行読むたびに1増やしています。繰り返しがはじまる前には，明示的に0も入れておきます。繰り返し終了時（つまりファイル読み込みが終わったとき）に，countには全行数が入っているはずですから，値を出力して完了です。

「何々 = 何々 + 1」という書き方は，変数の名前が長いと，少し冗長に見えてしまいます。このときは，「何々 += 1」という省略用の記法が使えますので，もしお好みなら使ってみてもよいでしょう。また，最後に行数を表示するところが，単に数字だけで済まされるのも，少し無愛想な気がします。ちょっときれいな感じの表示をしたいときは，最終行を下のように直してみましょう。

```
print "データの行数は，%d行でした。" % count
```

これは，文字列フォーマットとか，文字列テンプレートと呼ばれている記法で，最初の文字列「データの行数は，%d行でした。」の「%d」の部分に，ここではcount変数の中身をあてはめて表示するという指示です。%dのときは，数字があてはまります。ちなみに，あてはめるものが文字列であるときは，代わりに%sとします。「%」記号の使い方が特徴的です。

ここまでの改良案をもとに，若干の修正を加えました。まずは完成です。

```
# coding:cp932

# 貸出冊数を集計する（まず全行・少し修正）
count = 0
f = open('bjournal.txt')
for line in f:
 count += 1

print "データの行数は，%d行でした。" % count
```

5.2 月ごとのカウント（辞書編）

ここまでで，全体の行数は出せるようになったので，次は月ごとの集計を行う方法を考えてみましょう。データ行の最初の項目には貸出日付が入っているのですが，これの書式は「2012/04/01」のように10ケタに固定されているようです。ここから「2012/04」のように最初の7ケタ分だけを取り出せば，月をあらわす値として使えそうです。

まずは，「2012/04/01,A,007」という文字列を，コンマ記号に基づいて三つに分割するという書き方を知りましょう。splitといいます。対話モードで，下の例を試してください。

```
>>> print "2012/04/01,A,007".split(",")
['2012/04/01', 'A', '007']
```

いかがでしょう。文字列につなげて，「.split(",")」と書いたところ，文字列が「,」を境にバラバラにされて，リストが作られました。こういう書き方は，関数と言ってもあながち誤

りではないですが，特に「メソッド」と呼ぶことがあります。対象の文字列に対して，splitというメソッドを発行した，といいます。もっとも，呼び方にこだわる必要はありません。カッコの中の引数は，区切りに使いたい文字です。ここでは「,」（コンマ）です。

次に，ひとつの文字列の中から，部分的に文字列を取り出すときの書き方も見ます。[何文字目:何文字目]と書きます。これも対話モードで実験するとわかりやすいです。

```
>>> print "abcdefghijklmn"[3:6]
def
```

これで，"abcdefghijklmn"という文字列の，3番目から6番目までの文字でできた新しい文字列を得ることができました。もっと詳しくは，3番目（実質4番目のこと）の文字からはじまって，6番目（実質7番目）の文字の直前までの文字を取り出すという動作をします。このルールは少し呑み込みにくいので，文字どうしの「切れ目」に番号をそれぞれつけて，そこにハサミを入れて文字列を切り出しているとイメージすると，より自然に理解できると思います。この書き方を，スライス記法といいます。

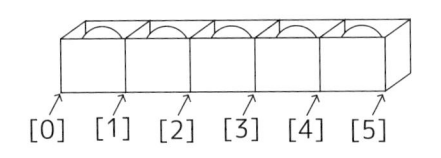

図5-1 スライス記法のためのイメージ

さて，これらを踏まえて，月ごとの行数のカウントを行うスクリプトを書きます。journal2.py としましょう。まず，下は作成途中のものです。

```
# coding:cp932

# 月ごとの貸出冊数を集計する（つくりかけ）
f = open('bjournal.txt')
for line in f:
 d = line.split(",")
 k = d[0][0:7]
 # kはちゃんとできているかな？
 print k
```

1行ずつのデータは line という変数に入ってくるのですから，これをまずはコンマ記号でバラバラにして，できたリストを変数 d に入れます。d の最初の値（[0]）に年月日が文字列で入っていますから，これの0番目から7番目までを切り出して，2012/04 といった感じの文字列を，変数 k にまで入れました。とりあえずここまでうまくいっているかを確認したいので，いったん k の値を全部 print してみることにします。

実行結果は，ひたすら年月にあたる文字列が表示されつづけるだけですね。見ていて飽きるでしょうから，適当なタイミングで [Ctrl]+[C] で実行を中断しましょう。

この時点で修正すべき点があります。line 変数にデータが1行ずつ入ってくるのですが，このデータには改行文字がいつもくっついてきてしまうのでした。このまま扱うと，split したときの最後の値には改行文字も混じりつづけているはずです。ですから，line に直接 split するのではなく，line の最

終1文字を取り除いたものにsplitすべきです。[:-1]という書き方を覚えているでしょうか。実はこれもスライス記法の一種で、「先頭行から、最終文字の1文字手前まで」という指定なのでした。先頭が0のときは省略してもよく、また、負の値でスライス位置を指定したときは、文字列のおしまいから何文字目、という数え方をしてくれるのです。

さて、変数kの中身は、一応期待どおりのようです。あとはこれがそれぞれいくつ現れたかを数えようというのですが、まずは「辞書」を使った方法をお教えします。辞書のキーを「2012/04」のような文字列、それに対応する値を「今までに現れた回数」ということにして、1行扱うたびにこの中身をひとつずつ増やしていけばよいというわけです。下のようなイメージです。辞書が入った変数は、月（month）の頻度（frequency）ということで、mfreqとでもしましょう。

```
mfreq['2012/04'] += 1
```

「+= 1」という省略記法のことを思い出してください。これを使わないと、mfreq['2012/04'] = mfreq['2012/04'] + 1 と書くことになり、見た目がむやみに複雑になります。

ただし、このような処理ができるのは、辞書の中にあらかじめ対応するキーと数が入っているときだけです。該当キーがないときにこんな処理を行うと、エラーを起こします。どんな月が入ってくるかはまだわかりませんから、あらかじめすべてのキーとその初期値0を入れておくわけにはいきません。ですから、足し算するときに、まだ辞書のキーがないときは、その時点ではじめて初期値のゼロを入れる、という処

理も入れましょう。

今まで述べた修正や作り足しをすべて反映すると、スクリプトは下のようになりました。

```
# coding:cp932

# 月ごとの貸出冊数を集計する（つくりかけその2）
mfreq = {}
f = open('bjournal.txt')
for line in f:
 d = line[:-1].split(",")
 k = d[0][0:7]
 # 集計用辞書にまだキーがなければ、初期値の0を入れておく
 if k not in mfreq:
   mfreq[k] = 0
 # ひとつずつ集計
 mfreq[k] += 1
```

集計用辞書に「もしキーがなければ」という「条件」の書き方は、上の例のとおりに書きます。「キー not in 辞書」です。反対に、辞書にキーがあるなら、という条件なら、「キー in 辞書」です。少しだけ英語っぽいですね。

forの中の字下げ部分と、その中のifで行われている字下げの関係には注意してください。forの利いている範囲はifを含んだすべてで、ifの利いている範囲はその下1行だけです。

最後に、データファイルをすべて処理し終わったあと、結果のレポートを出力する必要があります。辞書の中には集計結果が入っているのですから、これをうまく見せられればよいのです。こうしましょう。

```
# coding:cp932

# 月ごとの貸出冊数を集計する（一応完成）
mfreq = {}
f = open('bjournal.txt')
for line in f:
 d = line[:-1].split(",")
 k = d[0][0:7]
 # 集計用辞書にキーがなければ，初期値の0を入れておく
 if k not in mfreq:
   mfreq[k] = 0
 # ひとつずつ集計
 mfreq[k] += 1

# レポート表示
ks = mfreq.keys()
ks.sort()
for k in ks:
 print "%s の貸し出し冊数: %d" % (k, mfreq[k])
```

　目新しい要素がいくつかあるので解説します。まず，「mfreq.keys()」について。辞書に対して「.keys()」というメソッドを発行すると，キーの部分だけがすべて抜き出されて，これがリストとして得られます。ここでは変数 ks でそれを受け止めました。このキーの集合は，まだちゃんと月順に並んだものとは限りません（辞書って，キーの並び順自体には無頓着なのです）。なので，リストに対して今度は「.sort()」というメソッドを発行すると，このリストはちゃんと辞書順に並べ直されます。ここが「ks.sort()」の意味です。

　さて，ks にはリストが入っていますから，これを for を使って繰り返し処理します。繰り返しの中身に，キーと，キー

に対応する辞書の値をprintするという処理を書きました。単純なprintは殺風景ですから、ここでは少し丁寧なレポートを、文字列フォーマットのやり方で実現しました。%s（こっちは文字列）と%d（こっちは数）とで合計2つのあてはめ部分があるときは、このような書き方になります。

　ファイルを見ながら集計しているところでも変数kを使って、レポート表示のときにも変数kを使っています。同じ名前を違う用途に使って大丈夫か？　と心配する方がいるかもしれませんが、レポート表示がはじまったときにはもう集計部分は実行しないのですから、別に紛らわしくないし大丈夫かな、と筆者は判断しました。もちろん、別の変数を使っても構いません。

　いかがでしょうか。できあがったスクリプトは、思ったより長いでしょうか。それとも短いでしょうか。

5.3 月ごとのカウント（ブレイク編）

　さて、まったく同様の集計をするのですが、辞書を使わないときの方法もありますので、一応紹介しておくことにします。日付は必ず順番に現れることがわかっているのですから、たとえば2012年5月のデータがはじまった瞬間に、2012年4月までの統計はもう確定できますね。この特徴を利用したプログラムの作り方です。まずサンプルだけを示してしまってから、追って説明します。スクリプト名は、journal3.py。

```
# coding:cp932

# 月ごとの貸出冊数を集計する（ブレイク条件を利用して）
current_month = ''
current_freq = 0
f = open('bjournal.txt')
for line in f:
 d = line[:-1].split(",")
 k = d[0][0:7]
 # ブレイクが起こった？
 if k != current_month:
   if current_freq > 0:
     print "%s の貸し出し冊数: %d" % (current_month,
                                 current_freq)
   # 注視している月とカウンタのリセット
   current_month = k
   current_freq = 0
 current_freq += 1

if current_freq > 0:
 print "%s の貸し出し冊数: %d" % (current_month,
                             current_freq)
```

　辞書を一度も使っていないかわりに，current_month や current_freq などと名前をつけた変数を持ち出しています。これは，現在注視している月と，その出現頻度カウンタを記憶しておくための場所で，繰り返し処理の前に，それぞれ''（長さがゼロの文字列です）とゼロに初期化してあります。

　「k != current_month」という書き方の中の「!=」は，等しくない，という意味です（ついでに，等しい，は「==」。イコールをふたつ重ねます）。文字列どうしが等しいかどうかという条件も，このようにして書けます。今まで注視していた条

件と違う条件のデータがはじまった，という瞬間を，「ブレイク」と呼ぶことがあります（コントロールブレイク，キーブレイクなどとも呼ばれます）。ブレイクが起こったら，今まで注視していた月とその統計を print してしまって，新たに注視する current_month を設定し直して，カウンタも 0 にリセットします。

統計を print する前に，カウンタがゼロより大きいかどうかをチェックしているのは，一番最初のデータを処理した瞬間にもブレイクが発生するためです。このときには無意味な統計が出てきますから，これを避けるためにこうしました。また，データの処理（繰り返し）がすべて終わってからスクリプトの最後でも統計の print をするのは，最後に注視していた月についての統計情報は，まだ変数の中に入ったままだからです。

このような書き方は，比較的古いプログラム言語を使うときによく出てきます。辞書に相当する機能がないためです。普通の変数の扱いだけで統計処理をするという，よりパズル的なプログラミングといえるでしょう。すべての月の統計情報を長い間保持しつづける必要もありませんから，利用するメモリも少なく済みます。とはいえ，今はメモリの量で悩むことはあまりありませんから，あくまで参考としてこのような少し古めのスタイルも紹介してみました。

ところで，スクリプトの書き方として，レポートを print するときに，current_freq を次の行にこんなふうに書いていいの？ と疑問を持つ方がいるかもしれません。カッコがはじまってからカッコを閉じるまでには，こういう改行をしても「字下げ」とはみなされないという特徴が python にはありま

す。1行が長くなりすぎるなと思ったら、こうして見やすさを保つ工夫をしてもよいでしょう。

5.4 分類の集計・データの読み飛ばし

次に、統計の基準を、分類コードに移してみましょう。これはおおむねNDC（日本十進分類法）に従っているように見せかけた、ランダム生成のデータです。これを、類目（最初の1ケタ）だけで頻度集計することにします。これは順番に並んでいませんから、ブレイクを見つけながら集計するわけにはいきません。辞書を使う方法を採用しましょう。

文字列の最初の1文字だけを取り出すには、リストの要素を指定するように、[0]という指定方法でできます。スライス記法なら、[:1]ですね。どちらでもよいです。

今までとそれほど変わる所はありませんので、さっそくサンプルスクリプトをお見せします。スクリプト名は、journal4.pyです。

```
# coding:cp932

# 分類ごとの貸出冊数を集計する
cfreq = {}
f = open('bjournal.txt')
for line in f:
 d = line[:-1].split(",")
 # 分類の類目だけを取り出す
 k = d[2][:1]
 # 集計用辞書にキーがなければ、初期値の0を入れておく
 if k not in cfreq:
```

```
  cfreq[k] = 0
 # ひとつずつ集計
 cfreq[k] += 1

# レポート表示
ks = cfreq.keys()
ks.sort()
for k in ks:
 print "分類 %s の貸し出し冊数: %d" % (k, cfreq[k])
```

　分類の項目を取り出しているところだけが，さしあたりは注意する点です。他は今までとほどんと変わりありませんね。使う辞書の名前だけが，cfreqとなっています。それほど深い意味はありませんが，先にmfreqと命名した理由は，月（month）の頻度（frequency）だったからであって，今回は分類（classification）ごとの頻度だから，cfreqにしたのです。筆者の命名センスはいかがでしょうか？　もっとうまくやれるぞ，という人は，適宜工夫してみてください。

　さて，これを使って集計したところ，ふつうのNDCにはない，「A」と「S」と「X」という分類が現れることがわかったとします。これはそのまま集計してよいのかな？　あなたはこの集計を持って，サービス担当者に尋ねにいきました。そこでの答え：「ああ，Aではじまるやつは，実は文学なんだ。9に統合しておいてよ。Sは特別な書架に入れているという印なので，頭のSを除いた2文字目から分類記号がはじまるんだ。Xではじまるやつは，統計から省いてくれていい。」

　なるほど，それなら今聞いたルールに従って，スクリプトを直して対処することにしましょう。

```
# coding:cp932

# 分類ごとの貸出冊数を集計する・特殊ルール適用版
cfreq = {}
f = open('bjournal.txt')
for line in f:
 d = line[:-1].split(",")
 # 分類の類目だけを取り出す
 k = d[2][:1]
 # ルール1: Xは読み飛ばし
 if k == 'X':
   continue
 # ルール2: Sならば2文字目を改めて取り出す
 if k == 'S':
   k = d[2][1:2]
 # ルール3: Aは実は9
 if k == 'A':
   k = '9'
 # 集計用辞書にキーがなければ，初期値の0を入れておく
 if k not in cfreq:
   cfreq[k] = 0
 # ひとつずつ集計
 cfreq[k] += 1

# レポート表示
ks = cfreq.keys()
ks.sort()
for k in ks:
 print "分類 %s の貸し出し冊数: %d" % (k, cfreq[k])
```

　直したところは，三つのルールの追加だけです。まず「X」だった場合ですが，このときは目新しい命令である continue を実行しています。これは，今回の番はもうおしまいという意味です。つまり，その下の for にかかる部分を飛ばして，デ

ータの次の行を読んで，for内の最初の命令をはじめます。「次いってみよう，次」といったイメージです。これを俗に「読み飛ばし」と呼びます。読み飛ばしの条件は，他のルールに先だって書いておくほうがよいでしょう。余計な処理を実行しないで済みますからね。

二番目のルールは，「S」だった場合は，あらためて変数dの最初の要素の「2文字目」をkに入れ直しています。このときのスライス記法はもうよいですね。

三番目のルールは，「A」だった場合はkを「9」に変更しているだけです。

担当者に聞いたルールを，かなり忠実にスクリプトにも反映できました。コメントもこのように書き込んでおけば，どういう特殊ルールで統計を行っているかが，あとで一目瞭然です。実行結果は，確認しておいてくださいね。

5.5 金額の集計・タブ文字区切り

このように，1行ずつのデータを扱って統計処理をするのは，定石にあたる書き方さえ覚えてしまえば，かなりいろいろなパターンに，割と楽に対応できるものです。

データの中に数字が入ってきたときは，少しだけ注意をしてください。データの中に，たとえば1000円のつもりで「1000」というものが入っていても，これはまだ足し算などに使えません。ファイルから読み込んできたデータは，pythonにとってはまだ「文字列」であり，計算の対象とはみなしてもらえません。対話モードで試してみましょう。

```
>>> print "1000" + "1000"
10001000
>>> print 1000 + "1000"
Traceback (most recent call last):
 File "<stdin>", line 1, in <module>
TypeError: unsupported operand type(s) for +: 'int'
and 'str'
```

　これは参りました。文字列としての「1000」は，足し算しようとしても「連結」として扱われてしまうというわけです。まるでトンチです。おまけに，数と文字列をうっかり足し算しようとすると，これはエラーを起こしてしまうようですね。

　これをうまく扱うために，明らかに数字とわかっているデータは，pythonの組み込み関数であるintを使って，文字列から数への変換を行っておけば大丈夫です。

```
>>> print 1000 + int("1000")
2000
```

　intは，引数として入ってきた値を，計算できる数に（できるだけ）変換してくれるという機能を持ちます。とはいえ，どうしても変換できないようなもの（int("XYZ")など）はなおエラーとなってしまいます。入ってくるデータが必ずしも数字とは限らないから心配だ，というときには，isdigitというメソッドによって，文字列が数字に直せそうな見込みがあるかをあらかじめ知ることができますから，それを使うとよいでしょう。使い方はあとで例の中で示します。

　金額集計のために使えるサンプルデータを準備しました（ダウンロード：kingaku.txt）。

```
2012/04/01      A05     2360
2012/04/01      A05     2700
2012/04/01      B02     3676
...
```

　このデータはコンマでなくてタブ文字で区切られています。コンマ記号で区切ったデータはもちろんなかなか便利に扱えるものですが，データそのものにコンマ記号が混じったときに，少し処理に戸惑ってしまうところがあります（たとえば著者が "Marx, Karl" だったら？）。こういう問題をうまく扱う方法はいろいろありますが，単純に済むものは，データの区切りをはじめからタブ文字にしてしまうことです。データの内容そのものにタブ文字が混じることは，まずないと考えられますからね。

　もしデータがタブ区切りで得られるほうが合理的だと思ったら，Excel や，他のソフトウェアのデータをテキストファイルで保存するときに，たいていの場合は「タブ区切りで保存」といったオプションが用意されているはずですので，そこに注意しましょう。また，開発業者にデータの処理を依頼するような場合も，成果物はタブ区切りで作ってくれ，と注文すればよいでしょう。

　さて，このデータも 1 行あたり三つの項目で成り立っており，ひとつ目が日付，二つ目が何らかのコード，三つ目が金額です。何とでも解釈できるデータなのですが，仮に，これを部署ごとの資料購入履歴とでもみなしてみましょう。二つ目は部署コード，三つ目は資料費ということにします。これで，月・部署ごとの資料購入額合計を出してみます。二次元

の集計ですね。

このときも,集計課程を辞書で管理するというアプローチをします。問題はキーが二つの値の組み合わせになるということですが,まあ安直に考えてよいのではないでしょうか。つまり,「部署＋月」を合わせた文字列をつくって,それをキーにしてしまえばよいというわけです。

早速サンプルを見ましょう。スクリプトは,budget1.pyです。

```
# coding:cp932

# 月・部署ごとの金額を集計する
kin = {}
f = open('kingaku.txt')
for line in f:
 d = line[:-1].split("\t")
 # 月にあたる部分を取り出す
 k = d[0][:7]
 # これに部署コードもくっつけて,キーにする
 k = k + " " + d[1]
 # 集計用辞書にキーがなければ,初期値の0を入れておく
 if k not in kin:
   kin[k] = 0
 # 金額を足しこむ
 if d[2].isdigit():
   kin[k] += int(d[2])

# レポート表示
ks = kin.keys()
ks.sort()
for k in ks:
 k2 = k.split(" ")
```

```
print "%s の部署%sの購入額: %d" % (k2[0], k2[1],
                                kin[k])
```

まず，タブ文字を使って文字列を split するときは，特殊な記法として「¥t」と書きます。タブの t, と覚えれば簡単です（ちなみに改行の ¥n は，newline の n です）。

次に，月と部署コードをくっつけてキーにしました。文字列は，「+」を使うと，足し算でなく「連結」できるのでしたね。これを利用しています。途中に 1 文字の空白記号を挟んでおけば，あとでレポートするときに再度分解しやすいので，そうしました。

あとは，金額を足し込んでいる箇所です。d[2] に金額が入っているはずですが，もしそこが空白だったり，たまたま意味のない文字が入っていたりすると集計中にエラーで終了してしまいますから，文字列に isdigit というメソッドを使って，数字とみなせるのかをあらかじめ調べます。それが大丈夫なときだけ，この値を int 関数で改めて数字に直して，集計内容に反映していく，というわけです。

最後のレポート表示では，k にキーが入ってきますが，それをさらに空白文字で split して，月と部署コードが別に得られるようにしました。

若干の違いがあるものの，大まかには今までと同じです。

5.6 タブ文字区切りと表計算ソフト

さて，この集計した金額のレポートを持って，あなたは意気揚々と上司に報告に行きました。そこで上司の一言：「うー

ん，集計したのはよくわかるけど，ちょっと見にくいよね。もっとグラフ的にしてくれなきゃ。」

なるほど，もっともな話です。文字列フォーマットを使ってそれなりに見栄えよくしてみたものの，必ずしも一目でデータの傾向がわかるとは言いがたいところです。こういうときは，python独力でがんばらずに，Excelなどの表計算ソフトの力を借りるのが手軽でよいでしょう。

ここで，レポート自体をタブ区切りテキストとして生成することを考えます。すぐ後で示すように，タブ区切りテキストは，ExcelやLibreOfficeなどの表計算ソフトウェアにデータを渡すときに，コピー&ペーストでき，とても手軽なのです。

レポートをタブ区切りにするように修正したスクリプトは，下のとおりです。前半は同じなので，後半のレポート部分だけを示します。

```
# レポート出力・タブ区切り
outfile = open("report.txt", "w")
ks = kin.keys()
ks.sort()
for k in ks:
 k2 = k.split(" ")
 print >>outfile, "%s\t%s\t%s" % (k2[0], k2[1],
                                  kin[k])
outfile.close()
```

ファイルを書き出し用に開く方法は，もうご存知のはずですね。で，それを使って，report.txtというファイルに，文字列テンプレートを今回はタブ区切り用にフォーマットしたも

のを次々に書き出した，というわけです。文字列テンプレートのあたりが少しわかりづらいかもしれませんが，よくよく見れば「%s」と「¥t」が交互に並んでいるだけです。

これがうまく動作すれば，report.txtというファイルにタブ区切りの結果レポートができ上がっているはずです。そこで，それをテキストエディタで開き，すべての内容を（タブ文字も含めて）コピーし，別に開いた表計算ソフトの上に直接ペーストする……ここから先は，表計算ソフトの使い方になるので説明を割愛しますが，ちょっと慣れた人なら，ここからたちまち下のような集計グラフをつくってしまうでしょう。pythonは集計過程だけを担当して，ヴィジュアルは他のソフトに任せてしまう。これはとても合理的な使い方といえるでしょう。

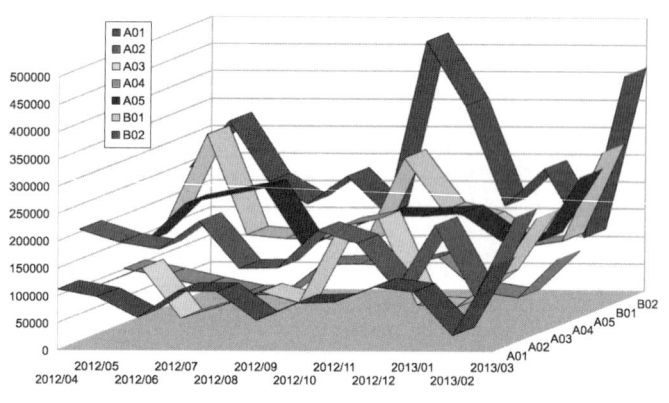

図 5-2　作成したグラフの例

反対に，表計算ソフトを使うと手早くある程度の集計データが作れる場合は，そこまでは表計算ソフトでこなして，そこのセルの内容を範囲コピーして，テキストエディタの上にペーストすれば，それはもう python で扱うためのタブ区切りデータとして十分です。このような連携も可能ですから，自分の業務内容によってどういう活用が可能かを考えてみるとよいでしょう。うまく決まると，仕事の能率をぐんと上げることができますよ。

　これでこの章は終わりです。実際のところ，この程度の集計は，表計算ソフトに慣れた人なら別に python なんか使わなくてもできることです。でも，python のような無償のソフトウェアで同様のことが簡単にできるのは痛快なことですし，ちょっとした集計ルールの変更が起こったときにも，フットワークよく対応しやすいという利点があります。さらに，100万行くらいの大量のデータを集計したいときは，表計算ソフトでデータを開くだけでもひと苦労ですから，使いどころ次第では力を発揮できると思います。

6章 事例・新着図書リスト

　この章では，Web利用者に向けて情報を発信することを考えます。ここですぐに頭に浮かぶのは，Webアプリケーションと呼ばれる種類のソフトウェアでしょう。ユーザーからの操作（リンクやボタンのクリック）に反応してさまざまな便利な動作をするというものです。でもここでは少し違って，単なるHTMLの自動生成を扱います。

　Webで見られる情報というのは，現在は大部分がHTMLという形式でできているものです。まず知るべきは，HTMLはテキストデータだということです。テキストデータであるHTMLを美しく整形して表示するのは，インターネットエクスプローラのようなWebブラウザの仕事です。

　HTMLがだいたいどんなふうに書かれているのか，ご存知の方も多いでしょうが，ここでもごく簡単に説明します。HTMLは，「タグ」と呼ばれる目印によって文書の構造を作っています。タグには大きく分けて開始タグと終了タグがあり，それらの対応によって構造が作られます。まず，きわめて単純なHTMLを見ましょう。

```
<html>
<head>
<meta http-equiv="Content-Type"
```

```
    content="text/html; charset=utf-8" />
<title>最初のページ</title>
</head>
<body>
<h1>こんにちわ</h1>
</body>
</html>
```

　大部分は形式的に必要なものであり，今とりあえず注目すべきは，<title> と </title> で囲まれた部分，そして <body> と </body> で囲まれた部分です。この松葉括弧で囲まれたものが開始タグであり，スラッシュ記号「/」の混じった同様のものは終了タグです。title タグはページのタイトルにあたる文字を囲んでおり，body タグは途中の 1 行を囲んでいます。body の中にはさらに <h1> と </h1> で囲まれた部分があり，HTML の仕様ではこれは「大見出し」として表示することと決まっています。

　わかっている方は飛ばしていただいてもよいですが，興味のある方は，今示した HTML をテキストファイルとして保存してみてください。ファイル名は test1.html とでもしましょう。保存するときのエンコーディングは，ここでは必ず UTF-8 にするよう注意してください（この章では，ほとんどのデータ操作を UTF-8 のエンコーディングとみなして行います。まだ UTF-8 の扱えないエディタをお使いの方は，ぜひ 3 章を参考にしながら適切なテキストエディタを入手しておいてください）。

　そして，保存したこのファイルをダブルクリックしてみると，適当な Web ブラウザで下のように表示されるでしょう。

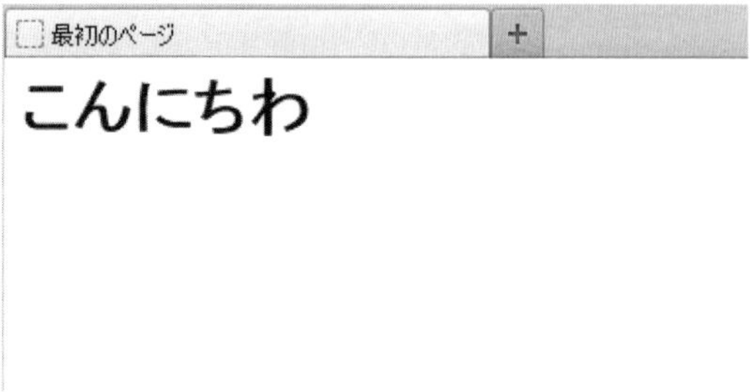

図 6-1　HTML ファイルの表示テスト

　これでわかると思いますが，つまりは，python を使って，上のような HTML を print するスクリプトを書けば，Web ブラウザで表示するための文書ファイルを作ることができるというわけです。さっきは統計レポートをファイルに出力しましたが，これのちょっとした応用で，HTML の生成もできるということをここで示します。

6.1　HTML の置き場所

　少し気が早いですが，うまい HTML ファイルを生成できたとして，これを早速 Web サイトから公開したいときには，どういう作業が必要かを今のうちに知っておきましょう。今表示を試した test1.html は，まだあなたの PC の上にあるだけです。これを Web サーバーと呼ばれるコンピュータの中にコピーすると，しかるべき URL（インターネット上の文書の場所を示す文字列です）とこの test1.html が対応づけられたことになり，インターネットに接続された Web ブラウザのアドレス入力欄（上のほうにある，http などと表示されているところ

です）に入力するか，または他の HTML ドキュメントからリンクを設定してもらい，そこをマウスクリックすることによって表示内容を確認できるようになります。Web サーバーのどこにどういう手順でコピーすればよいのかは，そのサーバーの管理者に尋ねてください。

　実際にインターネット上でドキュメントを公開するためにはこういった作業が必要になるのですが，さしあたっては，自分の PC 上に作った HTML 文書でも確認に使うには十分なので，いつか成果を正式に公開するチャンスがあるまでは，手元でいろいろと試して練習しておくことは意味があります。

6.2 文字エンコーディングについて

　ここで，今まで説明を省いていた，文字のエンコーディング（またはエンコード）規則というものについて，ある程度整理しておきます。

　コンピュータ上で扱える情報というのは，詰まるところ，0 と 1 のみでできあがっています。現在は，この 0 か 1 の情報を便宜上 8 つずつにまとめて，2 の 8 乗である 256 種類の信号として扱うことがほとんどです。ファイルの中身やインターネット上を流れる情報の中身も，0 から 255 までの 256 種類の信号の羅列として表現されているのです。

　256 種類もある信号なら，英語で使うくらいの文字・数字・記号は余裕をもって対応づけられます。この「対応づけ」の規則（ASCII といいます）はほとんど変化のないものですから，この信号が得られれば，誰がやっても間違いなく元の英語文書に戻すことができます。

日本語を表すには，256種類の信号を単純にひとつずつの文字に対応させようにも，かなり足りません。そこで考案されたのが，いろいろな種類の日本語用エンコード規則というわけです。たとえば，二つ分の信号をいつも1セットとして，256の二乗である65,536種類の文字を一度に扱えるようにしよう，とか，最初の信号がある範囲にあるときだけ，次の信号も一緒に加えてパターンを増やそう，とか，そんな感じです。この具体的なルールが，個々のエンコード規則です。文字の並びをこの規則でエンコーディングすることで，実際にコンピュータで扱える信号の並びに変換できます。

　日本語を表すためのエンコード規則は，複数存在します。聞いたことがあるかもしれませんが，JIS（7ビットJIS），シフトJIS，日本語EUC，UTF-8，などです。エンコーディングしたものを元の文字等に直す作業はデコーディングといいますが，どちらも共通のルールで行わなくてはいけないことは明らかですね。これの対応を誤って，表示する文字が壊れてしまうことを，俗に「文字化け」というのです。

　ここで思い出してほしいのは，pythonのスクリプトの中で，「# coding:cp932」といった宣言を書いたことです。これは，このファイル（ファイルというものも，結局は，256種類の信号の羅列です）はどういうエンコード規則で文字を格納していますよ，とpythonに教えるためのものなのです。そうしないと正しく扱ってもらえませんからね。

　もう一度，章のはじめに示したHTMLのサンプルを見てください。途中，「charset=utf-8」と書いてある部分があります。HTML自身が，自分のエンコード規則はこれですよ，と主張しています。これを間違えられると，ブラウザ上で無意味な

文字が表示されて，ユーザーが呆れてしまうかもしれません。インターネット上の文書は，今後はまず UTF-8 エンコード規則を使うべきだと考えてよいでしょう。

あるエンコード規則でエンコーディングされた文字を，別のエンコード規則のものに変換することは，python にもできます。ですがここでは，データの準備段階で最初から対応しておけばよいでしょう。この章で扱うデータは，最初から UTF-8 にしておきました。一般的なテキストエディタにはいろいろなエンコード規則で保存する機能があるはずですから，データを実際の仕事で用意するときも，あらかじめこういう適当なツールで変換しておけばよいでしょう。

6.3 表を作るための HTML

HTML の自動生成が威力を発揮するのは，たくさんのデータを並べた情報を作るときです。ここでは仮に新着図書リストのようなものを工夫して作ってみるつもりですが，それに使う予定のテーブル（表）を作るときに必要な，基本的な HTML のタグ要素を挙げておきます。

HTML の例と，そのブラウザ上での表示内容をまずは見ます。実際に HTML ファイルを作って動作を見るときは，test2.html としましょう。

```
<html>
<head>
<meta http-equiv="Content-Type"
    content="text/html; charset=utf-8" />
```

```html
<title>表のつくりかたサンプル</title>
</head>
<body>
<h1>表をつくってみた</h1>
<table border="1">
<tr>
  <th></th><th>はい</th><th>いいえ</th>
</tr>
<tr>
  <th>東京</th><td>10</td><td>30</td>
</tr>
<tr>
  <th>大阪</th><td>25</td><td>20</td>
</tr>
</table>
</body>
</html>
```

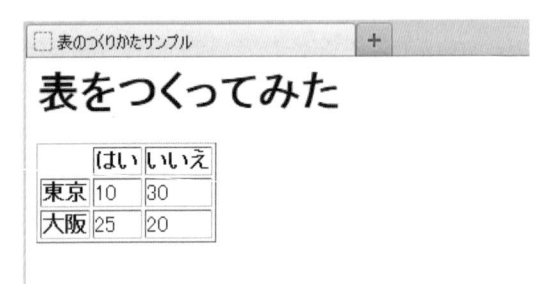

図 6-2　HTML で表をつくってみた様子

　まず，表全体を，<table> タグで囲みます。これは表ひとつにつき 1 回のみです。次に，列の数だけ，<tr> をつくります。<tr> の中に，いくつもマスにあたるタグを含めます。それぞれのマスは，<th> タグか <td> タグのどちらかを使って表現

します。<th>は少し強調気味の文字が表示され，表の項目名向きです。<td>はもっと平凡な表示で，ひとつひとつの値向きです。tableタグに，「border="1"」という添え書き（属性といいます）を足したのは，これをつけると，マス目の間に線が引かれて，表であることがわかりやすいからです。

　それぞれのタグの関係がわかれば，このくらいのHTML要素は何とか解読できるのではないかと思います。

6.4 新着図書リスト

　さて，いよいよ新着図書リストを作ってみましょう。データファイルは，newbooks.txtとします（ダウンロード：newbooks.txt）。このファイルはUTF-8でエンコードされたテキストファイルで，項目の区切りにはタブ文字が使われています。ひとつの行は四つの項目でできており，それぞれ（管理ID，書名，配架日，請求記号）ということにしましょう。

```
T53202    われらがPPP史のAAA学      2012/4/1    223
Z53320    いちばん詳しいYYY的なPPP   2012/4/1    900
B08037    KKKの○○○術的なKKK大百科   2012/4/1    702
...
```

　まずは，一番簡単な例として，読み込んだ内容をすべて単純な表にしてみます。スクリプト名は，book1.pyです。今回はスクリプトをUTF-8エンコードで保存するように注意してください。1行目のエンコード宣言でも，自分はUTF-8で書いてあるよといっています。

```
# coding:utf-8

# 新着図書リスト（つくりかけ）
f = open("newbooks.txt")
for line in f:
 a = line[:-1].split("\t")
 print "<tr>"
 print "<td>%s</td><td>%s</td><td>%s<td><td>↵
%s</td>" % (a[0], a[1], a[2], a[3])
 print "</tr>"
```

↵は，次の行まで続く，長い一行であることを示します。実際はこの位置で改行する必要はありません。

ここまでは別に何の問題もないでしょう。ただ，表示するときに HTML 風にしているだけですからね。あとは，この前後に適当な HTML 要素を補って print してあげればよいだけです。ここは一度だけ print すればよいのですから，繰り返しの外に書きます。プログラムは，下のようになります。

```
# coding:utf-8

print """
<html>
<head>
<meta http-equiv="Content-Type"
      content="text/html; charset=utf-8" />
<title>新着図書リスト</title>
</head>
<body>
<h1>新着図書リスト</h1>
<table border="1">
"""
```

```
f = open("newbooks.txt")
for line in f:
 a = line[:-1].split("\t")
 print "<tr>"
 print "<td>%s</td><td>%s</td><td>%s</td><td>↩
%s</td>" % (a[0], a[1], a[2],a[3])
 print "</tr>"

print """
</table>
</body>
</html>
"""
```

　少し見慣れない書き方をしたところがありますので，説明しておきます。一度に複数行の文字列をprintしたいときは，「"""」で囲み始めます。するとこれに続く行がすべて（改行記号も含んで）ひとつの文字列として扱われます。これの囲み終わりも「"""」です。1行ずつprintすることに比べると，とても楽になりますので，お好みなら活用してください。

　さて，このままでは出力した内容はすべてコマンドプロンプトの中に表示されてしまうだけなので，ちゃんとファイルに出力するようにしましょう。pythonのスクリプトを直してこれを実現してもよいのですが，スクリプトを実行するときの書き方をちょっと操作すると，表示内容をすべてファイルの中に書き込んでしまうという処理ができます。いつもは，

```
book1.py
```

とだけして実行しているところを，

```
book1.py > newbook.html
```

としてみてください。コマンドプロンプトの中では何も起こっていませんが、実行後に新しく newbook.html というファイルができるはずです。このほうが楽にファイルを作ることができますので、今回はこのテクニックを使うことにします。これはリダイレクトと呼ばれる手法で、python ではなく Windows などの OS が用意している機能です。

6.5 新着図書リストの修正

このままの見た目でも最低限の用は足りますが、いくつか気になる点を調整してみましょう。まずは、表のヘッダ項目をちゃんとつけておきたいところです。これは固定部の <th> タグを適切に書けばよいだけのことです。<table> タグの直後くらいになりますね。

また、表の見た目をもうちょっときれいにしたり、タイトル表示をもうちょっと遠慮気味にしてみたいところです。こういった見た目の調整は、HTML の各要素にそれぞれ色や大きさの指定を書く方法もあるのですが、今は HTML とは別に CSS、いわゆるスタイルシートというものを別に用意しておくのが標準的です。本書では CSS の書き方を解説する紙面はありませんので、これは筆者があらかじめ作っておいた CSS のファイルを準備（ダウンロード：fancytable.css）して、HTML と同じフォルダ内において置けばよいです。これに対応して少しだけ HTML の固定部分を書き足す必要があるのですが、これはあとでサンプル内でお見せします。

もうひとつ，日付ごとに表の途中にヘッダ行の表示をしてみるというのはどうでしょうか。4月1日分からの表示が順に続きますが，たとえばこれが4月2日になったところで，表の1列分の長さに「4月2日」という表示をするのです。

　これを実現するには，ブレイクの技法が役に立ちます。前の章ではやや古臭い手法だと言いましたが，使えるところでは使っていきましょう。その前に，表の1列分の長さにわたるマスというのはどうやって作るのでしょう。これは，<th colspan="4"> といったように，マスが横にまたぐ数だけ，colspan属性というものを付記したタグを書いておけばよいです。この様子も，ブレイクの実装といっしょに，サンプルで確認しましょう。

　今までの修正案を反映したものが，下のスクリプトです。

```
# coding:utf-8

# 新着図書リスト（作りかけ）

print """
<html>
<head>
<meta http-equiv="Content-Type"
      content="text/html; charset=utf-8" />
<link rel="stylesheet" href="fancytable.css" />
<title>新着図書リスト</title>
</head>
<body>
<h1>新着図書リスト</h1>
<table border="1">
<tr>
<th>図書ID</th><th>書名</th><th>記号</th>
```

```
</tr>
"""
current_date = ''
f = open("newbooks.txt")
for line in f:
 a = line[:-1].split("\t")
 if current_date != a[2]:
   print "<tr>"
   print '<th colspan="4">%s 配架分</th>' % a[2]
   print "</tr>"
   current_date = a[2]
 print "<tr>"
 print "<td>%s</td><td>%s</td><td>%s</td>" % (a[0],
      a[1], a[3])
 print "</tr>"

print """
</table>
</body>
</html>
"""
```

スタイルシートを使うという宣言は，<link... という部分です。href="fancytable.css" という部分で，使う CSS を指定します。また，table タグの直後に表のヘッダを書き足しました。

もうひとつ，配架日でのブレイクの追加ですが，割とシンプルにできています。current_date が，現在注目している日付です。これが変化した瞬間に，「????/??/?? 配架分」という列いっぱいの表示をして，新しい日付を注目するようにする，という書き方です。途中，colspan="4" という文字列を print するために，臨時で文字列全体の囲み文字を「'」にしている点にも気づいてください。

ついでに，配架日をヘッダとして出すのだからもう不要となり，表自体からは配架日の列を取り除いてしまいました。

6.6 新着図書リストの修正・2

さて，あなたは，できあがった新着図書リストの印刷をもって，意気揚々と上司に報告に行きました。そこで上司の一言：「なかなかいいね。ついでに，教員推薦図書には色をつけておくといいな。」あなたは，突然の仕様追加に，自分の耳を疑います。手元には一応，教員推薦図書の図書 ID 一覧があります。果たしてこれを使ってそんな芸当ができるのでしょうか。

これは，ひとつのレポートや HTML 生成のために，二つ以上のデータファイルを使うという好例です。まずは教員推薦図書の一覧を，リストの中にでも一度に読み込んでしまいましょう。読み込み部分は，下のような感じです（教員推薦図書データは，ダウンロード：recommend.txt。区切り文字のない，単一の項目でできているテキストファイルです）。

```
recommend = []
for line in open('recommend.txt'):
 recommend.append(line[:-1])
```

最初に recommend という空っぽのリストを作っておいて，ファイルを開いて 1 行分ずつのデータを（改行文字だけは取り除いて）リストに追加していくという処理が書かれています。open した結果を変数に入れておいて，それを使って繰り

返し処理を行う，というのは，実はこのように変数を介さずに書いてしまってもいいので，ちょっと省力化しました。また，リストの最後尾にひとつ値を追加するという処理は，append というメソッドを発行することで可能です。

こうすれば，次のファイルを繰り返し処理している最中に，その都度このリストの中を調べて，今から表示しようとする図書 ID が見つかったら列全体の色を変える，というふうにいけそうです。列の色を変えるためには，<tr> タグの属性として，class="recommend" というのを追加することにしましょう。CSS の説明は特にしていませんが，筆者がつくった CSS では，この class 属性があった列の色が変えられるようにすでに設定済みです。

修正を終えたあとのスクリプトはこんなふうになりました。先のものと見比べておいてください。思ったよりも修正部分は少ない，と思えるのではないでしょうか。

```
# coding:utf-8

# 新着図書リスト（完成！）

# 教員推薦図書リストを読み込んでおく
recommend = []
for line in open('recommend.txt'):
 recommend.append(line[:-1])

print """
<html>
<head>
<meta http-equiv="Content-Type"
      content="text/html; charset=utf-8" />
```

```
<link rel="stylesheet" href="fancytable.css" />
<title>新着図書リスト</title>
</head>
<body>
<h1>新着図書リスト</h1>
<p>ピンク色は，教員推薦図書です。</p>
<table border="1">
<tr>
<th>図書ID</th><th>書名</th><th>記号</th>
</tr>
"""
current_date = ''
f = open("newbooks.txt")
for line in f:
 a = line[:-1].split("\t")
 if current_date != a[2]:
   print "<tr>"
   print '<th colspan="4">%s 配架分</th>' % a[2]
   print "</tr>"
   current_date = a[2]
 if a[0] in recommend:
   print '<tr class="recommend">'
 else:
   print "<tr>"
 print "<td>%s</td><td>%s</td><td>%s</td>" % (a[0],
          a[1], a[3])
 print "</tr>"

print """
</table>
</body>
</html>
"""
```

リストの中に値が見つかるか，という条件の書き方は，実は辞書にキーがあるかという書き方と同じなのです。「in」をうまく使って書くことができました。

これで完成としましょう。ファイルを繰り返しながら処理しているという中核部分は，統計レポートを作っているときとそれほど変化はありませんね。

新着図書リスト

ピンク色は，教員推薦図書です。

図書ID	書名	記号
	2012/4/1 配架分	
T53202	われらがPPP史のAAA学	223
Z53320	いちばん詳しいYYY的なPPPとWWW学って何？	900
B08037	KKKのOOO術的なAAAとKKK大百科	702
B34910	CCCのEEE学の研究の歴史	S174
B50356	HHH史のXXX年鑑(H20)おじさん	S316
T85994	PPP論のMMM的なPPP大好き！	929
B50283	DDD的なLLL史とXXX	317
Z59321	次代に伝える最後のLLLRRR	273
A32424	OOO学NNN	833
B29428	XXXのKKKの研究	311

図 6-3　完成したリストの例

6.7 WEB アプリケーションって何?

できあがった HTML を Web サーバー内にコピーすれば，晴れてあなたの仕事はインターネットデビューを果たすこととなります。もっと多くの情報を盛り込みたい，もっとキレイに見せたい，などという望みが大きくなるでしょうが，pythonはともかく，HTML と CSS のことを詳細に勉強する必要もあ

りますから，なかなか道は険しいです。でも楽しいものですよ。

　さて，最後に，今作ったような HTML の自動生成と，Web アプリケーションによって表示される画面とは，どういう違いがあるのかを知っておきましょう。あなたが今書いたスクリプトは，自分の PC 上で動作して，その PC 上に HTML を生成しました。Web アプリケーションの場合は，Web サーバーの上に，今 python で書いたようなプログラム自体を預けておくのです。Web サーバーがそのプログラムを Web ブラウザからの要求に応じて実行し，できあがった「カスタムメイドの」HTML を直接ユーザーに返す，という動作をします。Web サーバーの上にプログラムを置いておくと，動作条件によって生成する HTML の内容を変化させることができますから，あらかじめあらゆるパターンの HTML をサーバー上に置かなくても，ユーザーは多くの情報を取得できるというわけです。

　これを作るのはより多くの知識が必要で，苦労の量もまた多いのですが，熱意がある人は情報を集めてチャレンジしていただきたいものです。

7章 事例・返却期限の計算

7.1 pythonに機能を追加する（モジュール）

　この章では，pythonに付属する標準モジュールの使い方について触れます。これはpythonの機能拡張についての話です。たとえば「素の状態」のpythonは日付計算をうまく行う手段を持っていませんが，日付を扱うモジュールを利用することによって，その機能を新たに持つことができます。パワーアップアイテムみたいなものですね。

　pythonを普通にインストールすると付属してくるモジュール（これが標準モジュールです）は，とてもたくさんあります。XMLを扱うためのモジュール，電子メールの送受信を行うモジュール，三角関数などの高度な数学処理を行うモジュール，データベースにSQLを発行するモジュール，などなど。これらをひとつひとつ使いこなせるようになっていくと，pythonでできる仕事は飛躍的に増えていきます。

　実際，およそコンピュータを使って行うような仕事は，ほとんどがpythonのモジュールとしてすでに作られています。プログラム言語を何か習得しようとしたときに，言語そのものの優劣はほとんどありませんが，使えるモジュール（言語によってはライブラリ，コンポーネントなどの呼び方をするときもあります）が豊富かどうかというのは，実際上の基準

になると思います。筆者の個人的な意見では、pythonはこの点合格といえるでしょう。

ところで、そんなもったいぶったモジュールなんてものにしなくても、最初からpythonに全部くっつけておいてくれればいいんじゃないか、と思われる方もいるでしょう。それはもっともなのですが、そうしてしまうと、pythonを実行するソフトウェア自体が巨大になりすぎるのです。ですから、いったんはモジュールという形に切り離して保管しておいて、必要なときだけそれを装着するのだ、というイメージで考えると納得できると思います。

仕事で使って便利なモジュールといえば、何といってもカレンダー関係ではないでしょうか。ですから、ここではカレンダーや日付の計算を扱う方法を紹介します。

7.2 calendarモジュール

まずはカレンダーを取り扱うための便利なモジュールである、calendarです。このモジュールは任意の年月のカレンダーを正確に作ってくれます。うるう年などの配慮も完璧です。まずは対話モードから、簡単なデモを試してみましょう。モジュールを使い始めるときの宣言は、「import」です。calendarモジュールを、pythonに装着！

```
>>> import calendar
>>> print calendar.month(2012, 4)
     April 2012
Mo Tu We Th Fr Sa Su
                   1
 2  3  4  5  6  7  8
 9 10 11 12 13 14 15
16 17 18 19 20 21 22
23 24 25 26 27 28 29
30
```

　calendar.monthという名前の関数が，カレンダーを生成する機能を持っています。どうでしょう。たちまち（それなりに）美しいカレンダーが出力できました。ちょっと気になるのは，月曜日が表の左端になっていることですが。pythonが生まれた文化圏では，こういうカレンダーが普通なのでしょう。大丈夫，これを調整する方法はあります。calendar.setfirstweekdayという関数をあらかじめ実行しておけば，週のはじめが何曜日かを変えることができます。下のとおり。

```
>>> import calendar
>>> calendar.setfirstweekday(6)
>>> print calendar.month(2012, 4)
```

　実行結果は省略しますが，試しておいてください。6という数字は，calendarモジュールにとっては日曜日を意味します（月曜日が0，火曜日が1… という具合です）。

　このカレンダーはそれなりによくできていますが，これ以上の細工をしようと思うと難しいです。カレンダーをリストの形で得られればいろいろと活用しやすいので，この方法も

示します。使うべき関数は，calendar.monthcalendar です。すでに import などが行われた状態で，こう書きます。

```
>>> print calendar.monthcalendar(2012, 4)
[[1, 2, 3, 4, 5, 6, 7], [8, 9, 10, 11, 12, 13,
14], [15, 16, 17, 18, 19, 20, 21], [22, 23, 24,
25, 26, 27, 28], [29, 30, 0, 0, 0, 0, 0]]
```

　角カッコの対応をよく見ると，リストのそれぞれの要素に小さなリストが入った状態であることがわかります。小さなリストは，1週間分の日の並びです。別の月になってしまう部分は，ゼロが入っています。

　これなら，うまく使えば，たとえば HTML でカレンダーを作るときなどに使えそうですね。作ってみましょう。HTML の全部を出力するわけではないですが，カレンダーの主な部分だけを出力するスクリプトは，下のようになります。スクリプト名は，cal1.py とします。

```
import calendar
calendar.setfirstweekday(6)

y = 2012
m = 4

c = calendar.monthcalendar(y, m)
for w in c:
 print "<tr>"
 for d in w:
   if d != 0:
     print "<td>%s</td>" % d
   else:
```

7章　事例・返却期限の計算………107

```
    print "<td></td>"
print "</tr>"
```

　繰り返しが二重の入れ子になっています。まずcの中に週の数だけ要素が入り，その要素をwとして，これをさらにリストとみなしてdを使って繰り返しています。いかがでしょうか。

　いろいろな年と月を試したくなったときにスクリプトを直しやすいように，スクリプトのはじめの部分に変数yとmを設定しておくことにしました。これならあとでどこを直したらよいかが一目瞭然です。優れたスクリプトは，ちょっと動作を変更してみたくなったときに，どう直したらよいかがわかりやすくなっているものです。あとの章でも述べますが，スクリプトを読んだり改造したりするのは，もしかしたら作った自分ではないかもしれませんからね。

　土曜日や日曜日だけマスの色を変えたりすると，より本格的なカレンダーに近づきますが，これは各自でチャレンジしてみてください。

7.3 datetime モジュール

　カレンダーだけに限らず，もっと一般的な日付情報を扱いたいときには，datetime モジュールが威力を発揮します。これは日付や時刻にかかわるいろいろな機能を python に提供します。使うときは，「import datetime」です（念のために言い添えると，インポートしたモジュールは，python の実行が終了するたびに失われます。実行のたびに再び「素の python」

がはじまりますから，改めてインポートし直す必要があります）。

datetimeモジュールで主にできることは，現在の日時を知ることと，日付の「計算」をすることです。

現在日を知るには，datetime.date.todayという関数を使います。

```
>>> import datetime
>>> print datetime.date.today()
2012-06-11
```

今の日付と時間が出力できました。このtoday関数の戻り値として得られるものは，一見文字列のようですが，文字列ではありません。もちろん数字でもありません。リストや辞書でもなく，今までに紹介したどれでもありません。「日付」という新しいデータの種類です（データの種類のことを，データ型というときがあります）。この種類の値は，日付を扱うために便利なメソッドを持ちます（日付と時間まで持った値というのもありますが，ここでは省略します）。

今の「メソッド」という用語の使い方からおわかりになるかもしれませんが，メソッドとは「データ型」ごとに利用できることが決められた関数のようなものです。文字列には文字列としてのメソッドがいくつも用意されていますし，リストにはリスト用のメソッドがあります。このデータ型ならこのメソッドが使える，という考え方ができます。とはいえ，わからなくてもあまり気にしなくてよいです。

today()の結果をいったん変数に受け止めて，この変数に発

行できるメソッドをいくつか試してみましょう。

```
>>> import datetime
>>> d = datetime.date.today()
>>> d.year
2012
>>> d.month
6
>>> d.day
11
>>> d.weekday()
0
```

「.year」は，この日付データの「年」の部分だけを数で返します。理由は省略しますが，カッコはいりません。「.month」は月，「.day」は日です。この日付がどの曜日にあたるのかは，.weekday() で知ることができます。このときだけはカッコが必要です。曜日がゼロであるときは，月曜日です。これは calendar モジュールのときと同じです。

現在の日付だけを扱うのではなくて，自由に決めた日付を作ることもできます。こうします。

```
>>> import datetime
>>> d = datetime.date(2011, 4, 2)
>>> print d
2011-04-02
```

年，月，日をそれぞれ引数にして，datetime.date 関数を呼べばよいというわけです。

さらに，ある日付の n 日後を計算することができます。こ

うします。

```
>>> import datetime
>>> d = datetime.date(2011, 4, 30)
>>> d = d + datetime.timedelta(1)
>>> print d
2011-05-01
```

datetime.timedeltaという新しい関数を持ち出しましたが，これが「n日後」という表現をするときの書き方です。日付型のデータに，これを「足し算」すると，ちゃんとカレンダー的に正しい「1日後」を作ってくれます。ためしに4月30日に「1日後」を足してみたところ，期待どおりに5月1日になっていますね。ちなみに「1日前」を表すには，datetime.timedelta(-1)です。

datetimeモジュールの機能を余さず説明し尽くしたとはまだ言いがたいですが，このくらいを知っていれば，相当にいろいろなことができるでしょう。

7.4 返却期限日の計算

今までに知ったことを組み合わせると，たとえば資料の返却期限日を算出することが可能になります。たとえば貸出期限が14日間である場合は，貸し出した日付に14を足せば返却期限日となります。これが今日の日付を過ぎていれば，この貸出は延滞状態であることがわかります。

これをスクリプトとして作ってみましょう。この例題は，関数をうまく使うことを知るための好例でもあります。

今までの作り方では，ファイルを繰り返して読み込ませながら，その繰り返し部分にすべての処理を記述してきました。この部分が長くなってくると，スクリプトを読むときに少し苦労することになりますし，何か間違いが含まれている場合に原因を突き止めるのが難しくなっていきます。こういうときは，やるべき仕事を少しずつ関数の形にまとめていくと合理的なことが多いです。

　今回は，何より，貸出日を引数として受け取ると，返却期限日を戻り値として返してくれる関数があったらよいと思いませんか。たとえば下のようなイメージのものです。

```
def calc_due_date(out_date):
  ... なんらかの処理 ...
  return 返却期限
```

　out_date が貸出日です。ここでは，「日付型」のデータが入ってくるものと前提しましょう。「なんらかの処理」のところで，どうやって返却期限を計算するかが，腕の見せ所です。まずは下のようなアイデアが浮かぶでしょう。

```
def calc_due_date(out_date):
  d = out_date + datetime.timedelta(14)
  return d
```

　とてもシンプルです。試しに，ちゃんと動作するかを，スクリプトとして試してみましょう。スクリプトは，due1.py とします。シフト JIS エンコードでスクリプトファイルを作ることにします。

```
# coding: cp932

import datetime

# 返却期限の関数を作成中
def calc_due_date(out_date):
 d = out_date + datetime.timedelta(14)
 return d

# 実際に使ってみる
a = datetime.date(2012, 4, 1)
print calc_due_date(a)
```

実行結果が「2012-04-15」となっていれば成功です。まずは動くものができました。これ以降のプログラムで、calc_due_dateという関数を自信を持って使えます。

とはいえ、図書館業務の実情に照らせば、こんなに単純に済むことは少ないですね。あなたはサービス担当者に返却期限のくわしい算出ルールを尋ねてみました。そこでの答え：「ああ、普通は貸出期限が14日なんだけど、この図書館には『友の会』という特別な利用者グループがあって、この人たちは4週間、つまり28日間借りられるんだよ。」

なるほど、それを早速プログラムに取り入れましょう。下のように直します。関数の引数は二つ必要そうです。

```
# coding: cp932

import datetime

# 返却期限の関数を作成中（友の会を考慮）
```

7章　事例・返却期限の計算……113

```
def calc_due_date(out_date, tomo):
 # 友の会
 if tomo == 1:
   period = 28
 else:
   period = 14
 d = out_date + datetime.timedelta(period)
 return d

# 実際に使ってみる
a = datetime.date(2012, 4, 1)
print calc_due_date(a, 0)
print calc_due_date(a, 1)
```

友の会であるときには、二つ目の引数に1を、そうでない場合は1以外（たとえば0）を与えると、それに反応して二通りの計算が行われることが確認できると思います。

7.5 返却日ルールの精緻化

そこにサービス担当者があなたを訪ねてきてこう言いました：「さっき言い忘れたけど、8月は夏休みキャンペーンだから、通常の利用者も28日間借りられるからね。」

これしきのルール変更で、あなたは慌てません。なるほどそうですか、と、スクリプトを下のように直しました。

```
# coding: cp932

import datetime

# 返却期限の関数を作成中（友の会と夏休みキャンペーンを考慮）
```

```
def calc_due_date(out_date, tomo):
 # 友の会
 if tomo == 1:
   period = 28
 else:
   # 夏休み
   if out_date.month == 8:
     period = 28
   else:
     period = 14
 d = out_date + datetime.timedelta(period)
 return d

# 実際に使ってみる
a = datetime.date(2012, 4, 1)
print calc_due_date(a, 0)
print calc_due_date(a, 1)
a = datetime.date(2012, 8, 1)
print calc_due_date(a, 0)
print calc_due_date(a, 1)
```

　ifが入れ子になっているところに注意しておいてください。友の会ならば無条件に28日間なのですが，そうでない場合は，さらに次のif，すなわち貸出日が8月かどうかを調べることになります。

　想定どおりの結果が出せることを確認して満足しているあなたに，さっきのサービス担当者がおずおずとあなたを訪ねてきて言いました：「えっと，もうひとつ言い忘れたんだけど……休館日は日数に入れないんだけど，大丈夫だよね？」

　これはさすがに頭をひねる必要があります。しかしこれを実現できなくては実用的なプログラムと言いがたいのも確か

です。どんな方針で考えるとうまくいくでしょうか。何日後という計算を単純に timedelta で済ますわけにはいかなくなりましたから，これを行う部分を新たに関数として作るというのがよいでしょう。スクリプトファイルを作業用に新たに作って，due2.py としましょう。下のサンプルはまだ未完成です。

```
# coding: cp932

import datetime

# n日後を算出（ただし休館日は計算に入れない）
def calc_days_after_without_closeday(from_d, n):
  d = from_d
  c = n
  while 1:
    if c == 0:
      break
    d = d + datetime.timedelta(1)
    if [dが休館日なら]:
      continue
    c -= 1
  return d
```

ここでは新しいプログラミング要素が出てきましたので，説明します。まず while について。これは，条件を満たし続けるうちはこの中の繰り返しを実行し続ける，という命令です。for と if に少しずつ似ています。今回のスクリプトでは，条件を書くべき部分に単に「1」と書いています。1 とだけ書くと，いつも条件を満たすという性質があります（if 1: と書く場合も，同様にいつも条件を満たす）ので，まずはこの while は

基本的に「無限ループ」であることになります。

　無限ループではスクリプトがいつまでも終わりません。このループを強制的に脱出する命令が，breakです。上のサンプルでは，変数cがゼロになった瞬間にこの繰り返しが終わることを示しています。

　関数の引数は，ひとつ目が計算を開始する日付，二つ目が足したい日数です。このふたつの引数は，まず作業用に二つの変数dとcにそれぞれ入ります。そして，1回ループさせるたびにdには1日足し，cはひとつずつ数を減らしていって，これがゼロになったら計算完了なのでループを脱出するというわけです。

　ただし，いつもcの値を減らすわけではありません。まだ具体的な書き方は決めていませんが，作業中の日付であるdが休館日にあたる場合は，cを減らす処理をcontinueでスキップして次の繰り返しに進んでしまいます。これで，結果として休館日を飛ばした日数計算ができるはずです。

　さて，[dが休館日なら]という条件を，具体的にどう書きましょうか。休館日は年にせいぜい10数日ということですから，これはすべて羅列してしまえばよいのではないでしょうか。たとえば，休館日をひとつひとつifで判定する，など。

　とはいえ，スクリプトとして読みやすいような工夫はする必要があるでしょう。まず，これから1年分くらいの休館日をすべて書き出したテキストファイルを手作りで準備します。下のようなものになります（ダウンロード：closeday.txt）。

```
2012/4/9
2012/4/23
2012/5/7
...
```

これをあらかじめ読み込んで，休館日一覧を表すリストを作ります。下のような書き方になるでしょう。

```
closeday = []
for line in open('closeday.txt'):
 a = line[:-1].split("/")
 d = datetime.date(int(a[0]), int(a[1]), int(a[2]))
 closeday.append(d)
```

こうしてしまえば，[d が休館日なら] という条件は，単純に「d in closeday」と書けますね。この休館日一覧ファイルは，ときどきサービス担当者に書き足してもらうようにしましょう。ずっと先まで休館日が完全に決まっているわけではありませんから。

今まで書いてきたものをすべて組み合わせて，返却期限を表す関数の完成バージョンを書きましょう。due3.py とします。

```
# coding: cp932

import datetime

# 休館日情報を読み込む
closeday = []
for line in open('closeday.txt'):
 a = line[:-1].split("/")
 d = datetime.date(int(a[0]), int(a[1]), int(a[2]))
```

```
closeday.append(d)

# n日後を算出（ただし休館日は計算に入れない）
def calc_days_after_without_closeday(from_d, n):
 d = from_d
 c = n
 while 1:
   if c == 0:
     break
   d = d + datetime.timedelta(1)
   if d in closeday:
     continue
   c -= 1
 return d

# 返却期限を出す関数
def calc_due_date(out_date, tomo):
 # 友の会
 if tomo == 1:
   period = 28
 else:
   # 夏休み
   if out_date.month == 8:
     period = 28
   else:
     period = 14
 d = calc_days_after_without_closeday(out_date,
        period)
 return d

#テスト
a = datetime.date(2012, 4, 14)
print calc_due_date(a, 0)
```

何度か条件を変えてみてテストをしながら，返却期限が完璧に算出できることを確認しておきましょう。呼び出す関数は，calc_due_date だけです。これが内部的に n 日後を計算しているのですが，使う方はこのことを特に気にしないでよくなっている点に注意してください。作りはやや複雑になっても，関数を使う分には簡単なままなのです。

　返却期限を出す関数が完成しましたから，これ以降の作業で，もうこれの作りを気にする必要はありません。calc_due_date はどんな引数を与えれば動くのか，ということだけをどこかにメモして知っておけばよいのです。

　さて，最後にやる仕事が，貸出中情報にあたるものをテキストファイル（ダウンロード：lending.txt）として読み込み，これらがある日付現在で延滞しているかどうかを判断することです。ファイルはシフト JIS エンコード，タブ区切りのテキストで，項目はそれぞれ（利用者 ID，友の会区分，貸出日，資料 ID，書名）を表すものとします。

```
U45083   0   2012/4/1   B60781   いちばん詳しいQQQ術
U37498   0   2012/4/1   A27050   III的なPPPに似たもの
U87024   1   2012/4/1   B07938   TTT術的なMMM
...
```

　日付型の値も条件分岐のために大小の比較ができますから，これを利用して，延滞状態かどうかの判定をします。

```
# coding: cp932

import datetime

# 今日の日付（設定できるようにした）
today_d = datetime.date(2012, 7, 10)

# 休館日情報を読み込む
closeday = []
for line in open('closeday.txt'):
  a = line[:-1].split("/")
  d = datetime.date(int(a[0]), int(a[1]),
                    int(a[2]))
  closeday.append(d)

# n日後を算出（ただし休館日は計算に入れない）
def calc_days_after_without_closeday(from_d, n):
  d = from_d
  c = n
  while 1:
    if c == 0:
      break
    d = d + datetime.timedelta(1)
    if d in closeday:
      continue
    c -= 1
  return d

# 返却期限を出す関数
def calc_due_date(out_date, tomo):
  # 友の会
  if tomo == 1:
    period = 28
  else:
    # 夏休み
```

7章 事例・返却期限の計算

```
    if out_date.month == 8:
      period = 28

    else:
      period = 14
  d = calc_days_after_without_closeday(out_date,
          period)
  return d

# データを読み込みながら，延滞かを判定
for line in open('lending.txt'):
  a = line[:-1].split("\t")
  dd = a[2].split("/")
  dd2 = datetime.date(int(dd[0]),
                              int(dd[1]), int(dd[2]))
  due_d = calc_due_date(dd2, int(a[1]))
  if today_d > due_d:
    print "利用者 %s は，資料 %s の返却期限 %s を延滞し↩
ています。" % (a[0], a[3], due_d)
```

実行結果の一部はこうなります。

```
利用者 U07113 は，資料 B13136 の返却期限 2012-06-22
を延滞しています。
利用者 U20555 は，資料 T07131 の返却期限 2012-07-06
を延滞しています。
利用者 U79287 は，資料 B20475 の返却期限 2012-06-22
を延滞しています。
...
```

7.6 日付の差の計算

さて，あなたは，できあがった延滞者リストの印刷を持って，意気揚々と上司に報告に行きました。そこで上司の一

言：「なかなかいいね。ところで，返却期限1日前の人ってのは，一覧できないものかな。延滞が起こらないうちに確認しておきたいんだ。」

あなたは，ムチャを言われた憤りで頭に血がのぼるのを感じます。とはいえ，冷静に考えてみるとそれほど難しくもなさそうです。日付と日付の差を計算する方法があれば，すぐにも実現できるのではないでしょうか。

日付と日付が何日間離れているかは，日付どうしを単純に引き算すると得ることができます。引き算の結果にはtimedeltaと同様のものが帰ってくるのですが，これを計算に使える数字として取り出すには，下のように書きます。上のスクリプトを一部直したところだけを引用します。

```
# データを読み込みながら，延滞かを判定
for line in open('lending.txt'):
 (途中略)
 due_d = calc_due_date(dd2, int(a[1])
 delta = (due_d - today_d).days
 if delta == 1:
   print "利用者 %s は，資料 %s の返却期限 %s の期限一
日前です。" % (a[0], a[3], due_d)
```

{日付の引き算}.days という書き方で，差にあたる日数が取り出せます。これが1に等しかったらメッセージをprintする，というふうに書き換えただけです。

ここまで，複雑な返却期限のルールをプログラムで表現し，これに基づいて延滞者リストやそれに準じるリストを出力できるところまで進めてきました。最終的に完成したスクリプトは，50行程度のものとなりました。これを長いと感じるか

短いと感じるかは人それぞれですが，pythonのモジュールを適切に選ぶと仕事に使えるということは示せたのではないでしょうか。

8章 事例・日報データ

8.1 複数行でひとまとまりのデータ

　この章では，今までとは少し違う，やや非定型なデータを扱うことを考えてみます。今まではファイルの1行に1単位ずつデータが収まっていましたが，今回は，たとえば業務日報のような，複数行にわたるかもしれないようなデータを扱う方法を検討します。たとえば下のようなデータがあるとしましょう（ダウンロード：nippou.txt）。

```
2013.4.1
利用者データの一括更新。
メールアドレスの整理。
年次更新の結果にひとつ不備があった。
-----
2013.4.4
年次更新の不備について対処を行った。
備品の補充を行った。
----
2013.4.5
休暇。
```

　日付にあたるデータが最初に記入され，次の数行は日報の本文です。それが終わると「----」といった目印が1行あり，次の日の日報が続きます。人間が読むにはまったく問題がな

いシンプルなデータですが，これをプログラムで扱うためにはどうするべきでしょうか。うまく扱えれば，たとえばこのデータから，特定のキーワードを含む日報だけを表示する，という用途などに使えると期待できます。

　処理すべきデータに何らかのルールがあることを発見できれば，あとはそれをプログラムとして表現さえすれば，この目的は達成できるはずです。ルールの発見には多少の経験が必要ですし，プログラムの作成にも少しの熟練が必要です。これはそのたびに工夫していくべきものですが，ここでは工夫の一例を挙げます。

　下のサンプルスクリプト（nippou1.py）を見てください。これを実行してみるためには，サンプルデータとして nippou.txt も準備しておいてください。

```
# coding:cp932

f = open('nippou.txt')
n_date = ''
n_content = ''
firstline = 1
# 日報ファイルを一行ずつ読み込む
for line in f:
 # 日付を読み込む
 if firstline == 1:
   firstline = 0
   n_date = line[:-1]
   continue
 # 日報が一区切りしたので，表示する
 if line.startswith('---'):
   print "*** 日報 ***"
   print n_date
```

```
    print n_content
    # 表示したあとで, 諸変数をリセット
    n_date = ''
    n_content = ''
    firstline = 1
    continue
 # 日報にデータ付け足し
 n_content += line
# 最後の日報
print "*** 日報 ***"
print n_date
print n_content
```

　説明が必要な新しいメソッドとして，startswithというものをまずは紹介しておきます。これは文字列に対して使うメソッドで，元の文字列が，引数内の文字列ではじまっているかどうかを調べるためのものです。主にifなどの条件として使われます。今回扱うデータの「------」という区切りの長さは，どうやらまちまちなようです。ですので，最低でも3文字の「-」が並んだら区切り行とみなすために，これを使いました。

　それ以外は，すでに使い方を知っている命令類ばかりです。これらをどう組み合わせると上のようなデータを扱えるのか，以下に順を追って説明します。

　基本的に，データファイルを1行ずつ読み込むループでできていることを確認できるでしょう。その中で，firstlineという変数がどういうふうに使われているかを見ます。これは，日付データをうまく読み取るための仕掛けに関連しています。それぞれの日報の1行目が日付であるというルールになっているようですので，今読み込んでいる行が日付なのか，そうでないのか，という目印（フラグ）の役割を持たせて，ファ

イルを読み始める最初に，ON という意味で 1，日付を読み終わると OFF という意味で 0，そしてひとつの日報が終わると，再び ON(1) にしています。読み込んだ日付は，n_date という名前の変数に取っておくことにしています。

　日報の内容を入れておく変数は，n_content です。ファイルを読み始める最初には空文字列を入れます。日報の区切りが起こったとき（「---」が現れたときです）には表示のために n_date とともに使い，そして普段は 1 行ずつのデータを日報の一部として付け足し続ける (n_content += line) という使われ方をしています。

　この構造は，4 章で紹介した，ブレイク条件を使った集計処理に少し似ています。ですから，そのときに覚えた注意点として，データを読み終わったときには最後の日報はまだ表示されていないかもしれないことに気づきます。ですから，スクリプトの最後にも日報表示を行うことにしました。

　このサンプルの実行結果はこうなるはずです。これはすべての日報データを表示するプログラムに過ぎませんが，まずは一歩前進です。

```
*** 日報 ***
2012.4.1
利用者データの一括更新。
メールアドレスの整理。
年次更新の結果にひとつ不備があった。

*** 日報 ***
2012.4.4
年次更新の不備について対処を行った。
```

備品の補充を行った。
...

　ところで，このスクリプトには日報の表示をしているところをが2か所あって，あとで直したいときに面倒そうです。ここは，関数として切り離してみましょう。下は，nippou1.pyをこの方針で少し修正した例です。実行結果は変わりません。

```
# coding:cp932

# 日報の表示をする関数
def handle_nippou(d, c):
 print "*** 日報 ***"
 print d
 print c

f = open('nippou.txt')
n_date = ''
n_content = ''
firstline = 1
# 日報ファイルを一行ずつ読み込む
for line in f:
 # 日付を読み込む
 if firstline == 1:
   firstline = 0
   n_date = line[:-1]
   continue
 # 日報が一区切りしたので，表示する
 if line.startswith('---'):
   handle_nippou(n_date, n_content)
   # 表示したあとで，諸変数をリセット
   n_date = ''
   n_content = ''
```

```
    firstline = 1
    continue
  # 日報にデータ付け足し
  n_content += line
# 最後の日報
handle_nippou(n_date, n_content)
```

ここまで作ったあとは，特定のキーワードを含む日報だけを抜き出して表示する，という仕事もそれほど難しくはありません。handle_nippou 関数の内容を，「特定の条件のときだけ日報を表示する」という動作に直してしまえばよいのです。この関数部分だけを書くなら，下のとおりです。

```
# 日報の表示を（特定の場合だけ）する関数
def handle_nippou(d, c):
  if '年次更新' in c:
    print "*** 日報 ***"
    print d
    print c
```

「in」の新しい使い方をまず紹介します。今までは，リストの中に要素があるかどうかを in を使って調べることができましたが，調べる対象が文字列であるときは，文字列の中の一部分に対象の文字列が含まれているか，という意味に使うことができます。

ともかく，これで年次更新のことを含んだ日報だけが実際に表示されて，他は「読み飛ばし」されることがわかるでしょう。もっとも，こんなふうにスクリプトに直接キーワードを書き入れておくのは，あとで直す場所に困ってしまいそう

ですから，下のように直しておくほうが，少しはわかりやすいでしょう（完全なスクリプトは改めて載せませんので，適宜完成させてください）。

```
# 日報をこのキーワードで抜き出します
keyword = '年次更新'

（途中略）

# 日報の表示を（特定の場合だけ）する関数
def handle_nippou(d, c):
  if keyword in c:
    print "*** 日報 ***"
    print d
    print c
```

つまり，スクリプトの最初のあたりで keyword という変数にキーワードを入れておく，ということにして，実際の検索ではこの変数を条件の記述に使うわけです。検索条件を変えるたびにスクリプトを少しずつ編集しなければならないところは変わりませんが，その場所が少し探しやすい，という利点があります。もっと実用的にしたければ，利用者がキーボードから検索条件を打ち込むようにして，同じスクリプトを実行するたびに異なる検索条件を設定できるようにするのがよいのですが，まずはこの程度のものでもそれなりに利用に堪えることを確認してください。よりよい改良がしたければ，別に挙げる python の参考書などをあたっていただくとよいでしょう。

複数行にわたって続くような，表計算ソフトでは簡単に扱

いにくいデータは，そのルールを見出してから，それに対応するプログラムをうまく工夫して作って，ひとつのデータ単位として扱えるように作ればよいというわけです。揃ったデータの扱いを1か所の関数に任せることにすると，よりすっきりと作ることができます。

今回の例では，複数行の1行目が日付であるという，比較的単純なルールで理解できるデータを扱いましたので，プログラムもそれほど複雑にはなりません。もっと難しいルールのデータに取り組まなくてはいけないことがあるかもしれませんが，こういうときも，いろいろ工夫をしてみたり，心得のある人に相談してみたりすると，道が開けていくでしょう。

8.2 複数のデータファイル

日報は，一人だけでなくたくさんのメンバーが書いているもので，これが，社内ネットワーク内の特定の場所にいつもまとめて置いてあるとします。このファイルをすべて横断検索して，特定のキーワードについて書いている日報をすべて表示する必要があったときは，どうすればよいでしょうか。この節では，こういう用途に使える glob モジュールを紹介して，使ったときに何ができるかを見ます。

まず，下のスクリプトを glob.py として保存・実行します。その際，ダウンロードした nippou_yamamoto.txt, nippou_hayashi.txt, nippou_david.txt をそれぞれ，glob.py と同じ場所に置いておいてください。

```
# coding:cp932

import glob

files = glob.glob('nippou_*.txt')
for f in files:
  print "ファイル:%s" % f
```

　実行結果として，三つの日報ファイルの名前がそれぞれ表示されたでしょうか。

　glob はこういう機能のものであり，glob.glob という関数の中身に「ワイルドカード」と呼ばれる記号を含んだファイル名を指定すると，この検索結果が files 変数に入るという具合に動作します。「*」と「?」という文字がワイルドカードの代表で，「?」は 1 文字の，「*」は複数文字の任意の文字，という意味を持ちます。だからこの場合は，glob.py が入っているフォルダ（つまり，現在の作業フォルダ）の中の，「nippou_」で始まって，「.txt」で終わるすべてのファイル名を調べ上げることができました。

　これを使えば，さっきの日報検索プログラムは下のように発展させることができます。一見長いようですが，今まで見てきた部分が，かなり使い回されています。

```
# coding:cp932

import glob

# 日報をこのキーワードで抜き出します
keyword = '年次更新'
```

```python
# 日報の表示を（特定の場合だけ）する関数
def handle_nippou(d, c):
  if keyword in c:
    print d
    print c

# ファイルから，日報をひとつずつ調べる関数
def search_file(filename):
  f = open(filename)
  n_date = ''
  n_content = ''
  firstline = 1
  # 日報ファイルを一行ずつ読み込む
  for line in f:
    # 日付を読み込む
    if firstline == 1:
      firstline = 0
      n_date = line[:-1]
      continue
    # 日報が一区切りしたので，表示する
    if line.startswith('---'):
      handle_nippou(n_date, n_content)
      # 表示したあとで，諸変数をリセット
      n_date = ''
      n_content = ''
      firstline = 1
      continue
    # 日報にデータ付け足し
    n_content += line
  # 最後の日報
  handle_nippou(n_date, n_content)

# 日報ファイルをすべて調べる
files = glob.glob('nippou_*.txt')
for f in files:
```

```
print «*** 日報ファイル：%s» % f
search_file(f)
```

　ファイルを open して 1 行ずつ調べている部分が，改めて search_file という名前の大きな関数に仕立て直されていることに注意してください。ここは，ファイル名をひとつずつ引数として受け取りながら実行できるようになっており，glob の結果を使って繰り返し呼び出されるのです。

　実行結果は省略しますが，keyword 変数の中身を変えながら，いろいろな検索をしてみるとよいでしょう。

8.3 これでも全文検索

　前節で，日報のファイルが複数ある場合にも，検索ができるようになりました。もしも日報を書いているメンバーが 100 人いて，それぞれ 1 か月ごとに日報のファイルを分けて作っている場合，1 年では 1,200 個のファイルができあがる計算になります。このくらいの量なら，最近のコンピュータなら，長くても数分以内に検索してしまうことが可能ですから，実用上は問題ないでしょう。

　もしも，もっと大量のデータを検索する必要が出てきたら，何らかの全文検索用ソフトウェアを導入することを検討することになるでしょう。高速な全文検索を実現するための方法は，本書で扱う「簡単なプログラム」の範囲を超えてしまうものなので，説明しません。とはいえ，大量のデータを扱うときにも，簡単なプログラムで力まかせにやってみて，案外それだけで用が足りてしまうということは珍しくありません。

特に，これを使いたいのが少数の担当者のみだとすれば，こんなプログラムで「全文検索」を実現していたって問題ないことも多いと思います。

9章 プログラムのライフサイクル

　プログラミングは，コツがわかってくるとだんだん熱中してきて，次々と複雑なことにもチャレンジしてみたくなるものです（程度は人それぞれでしょうけど）。このこと自体はとても望ましい，また頼もしいことなのですが，そうしているうちに，ある瞬間から，自分が書いたはずのプログラムが「手に負えない」ものだと感じられるようになってくるかもしれません。作ったのが自分自身なのに不思議なことと思われるでしょうか？　特に，そういうことが起こりがちなのは，そのプログラムを久しぶりに眺めるときです。時間をかけて作成し，今までなかなか便利に使えていたプログラムがあったとして，ある日，業務の変化にあわせてちょっとした修正が必要になったとします。こんなとき，エディタでプログラムの編集をはじめてみて，「直すべき場所はここだな」とすぐに理解できるときと，「我ながら，ここはどういう意図で書いたんだっけ」と頭を抱えるときと，両方の可能性があるのです。この分かれ目はとても重要です。

9.1 直す・捨てる

　作ったあとのプログラムを必要に応じて何度も修正するのはごく普通のことなのですが，変化する要求に応じてプログ

ラムを作り変えていくたびに，だんだん当初は想定しなかったようなパターンにも対応していかなくてはいけなくなるかもしれません。この結果，プログラムがずいぶん不格好になってきたな，と感じたら，おそらく，当初の設計方針に仕事の内容が合わなくなっているのです。思い切ってプログラムを作り直してしまうのも，場合によっては重要なことです。プログラムは作り終わったら1字たりとも変えずに保存しておくだけのものではなく，保守（メンテナンス）するものだという意識が必要なのです。保守できるというのは，ここでは，必要に応じて動作単位の部品にばらしてしまったり，それを新たに組み立て直したりすることが自由にできるということです。ちょっとした修正を繰り返した結果，不格好に大きくなってしまったプログラムは，思い切って新しく作り直してしまうことができるかも考えてみましょう。プログラミングがうまくなると，同じ機能のプログラムも，より素早く，スマートに書けて，よりわかりやすくなっていくものです（ちょっとした修正で済むのに，既存のプログラムを性急に捨ててしまう，という誤りも時にはあるのですが，これはバランス感の問題というしかありません）。

　プログラムの保守が「怖い」と思えてしまうようになってくると，これは問題です。プログラムの全貌が周りの人間によくわからなくなってしまい，担当者は「とりあえずは動くようだから，いいじゃないか」という態度をとりがちになります。特に，そのプログラムが比較的大きなもので，重要なルーチン業務にすでに欠かせないものになっている場合などは，このプログラムの動作に人間が仕事をあわせなければいけなくなるかもしれません。本当は仕事のルールを直してよ

り合理的にしたいのに，これをプログラムの側でサポートできなくなってしまうのです。仕事をこういうふうに変えるとこのプログラムが使えなくなってしまうから，（仕事を変えるのを）やめておこう，という話になるようでは，プログラムが人間の指示に従うどころか，人間がプログラムの都合に従っているようで，まったく本末転倒です。

　プログラムのブラックボックス化（詳しい中身を知らない，変え方がわからない状況）を避けるには，なるべくわかりやすいプログラムを書くこと，というのももちろんですが，一度に多くのことをするようなプログラムを作るのを避けるのも有効と思います。元になるデータを読み込んで，まずはある程度の処理結果をつくり，それをファイルに書き出します。さらに，次のプログラムでは，そのファイルを読み取って，より先に進んだ処理をしてから，また別のファイルに書き出します。こうして，一度に把握すべきものを減らしておくと，ひとつひとつのプログラムは短くなり，試行錯誤しながら動作結果を確かめるときにも，無理がありません。

　丁寧につくったプログラムは，時間がたって詳細を忘れてしまったあとでも読みやすいものです。「丁寧に」というのは，たとえば変数の名前がセンスよく，値を設定することの意味が理解しやすいというのも要素のひとつですし，重要な部分にコメントが正確に記されているというのも重要な要素でしょう。また，プログラムの複数個所が似たような記述になっていて全体の量が増えてきたときに，共通の関数をうまく用いるようにして，直すべき点を1か所にとどめてあることも重要なことです。

　逆に，丁寧につくっていないというのは，他人が書いたプ

ログラムの一部分を，理解もそこそこに乱暴に切り貼り（コピー＆ペースト）してしまって，たまたま動作したという理由でそれで事足れりとするときなどです。「よくわからないけど，こうしておくと動くんだ」といった状態でプログラムをそのまま放っておくと，潜在的な不具合の原因にもなりますし，当然自由に直すこともできません。ですからプログラムの一部を誰かの成果から借りてくるときも，内容を理解することを怠ってはいけません（オープンソースなどの形で広く公開されているほどのものなら，内部の仕組みを完全に理解しなくてもある程度安心して使ってよいと思いますが）。

　それだけに，プログラムを小さく，簡潔に保っておくことはとても重要なことです。小さく簡潔なプログラムを作るというのは，意外と高度な技術に相当しますから，注意に値します。無理なテクニックを弄してまで小さくすることはありませんが，たとえばpythonは比較的少ない記述量でいろいろなことが実現できる傾向がありますから，この利点を利用しましょう。複雑なものも理解できるようになった上で，シンプルな記述に戻ってくるのがよい上達の目安であると筆者は思います。一見して理解しがたい記述なのに不思議と動作する，というプログラムよりも，多くの人が無理なく理解できるプログラムのほうが，長い目で見れば優れているのではないでしょうか。

9.2 説明書

　作ったプログラムによい説明書を書き添えておくのはとてもよいことです。プログラムの中にもコメントを書き残して

おくことができますが，それとは別に，ちゃんとした説明書（ドキュメント）を数枚程度のワープロ文書などに残しておけば，あとで修正などの用事があったときに有効です。自分ひとりだけで使うから大丈夫だよ，と言っていても，時間がたったあとでちゃんとこのプログラムが理解できなくなることもあります。また，後述するように，あとになって他人にこのプログラムを任せることもありえます。

　説明書は，特にキレイな見映えにする必要はありません。中身には，タイトル，作成日，あとは，どういう用途のために作成したプログラムで，どういう入力ファイルに対してどういう出力ファイルができるのか，動作を調整するためにはどの変数の内容を変更すればよいか，といったところがあればさしあたり十分でしょう。スクリーンショット（画面の写真）を駆使して詳しい操作説明をつくるのもある程度大事かもしれませんが，それよりも，このプログラムが必要になった理由と，それをどう実現しているかという「ストーリー」がよく把握できるものがよいと筆者は考えます。あとで，他のもっとよい方法が見つかったときに，今のプログラムを捨ててそちらのほうを採用しても問題がないかを判断しやすいからです。

　例として，7章で作った貸出延滞リスト表示プログラムについて説明書を作るとしたら，下のようなものになるでしょう。

```
--------------------------------
メモ：延滞者の一覧を表示するプログラムの説明
スクリプト名：due3.py（python2.7で開発）
2013.3 作成
```

休館日情報のデータと貸出データを読み込んで，延滞している貸出データをすべて出力する。利用しているシステムにこの機能がないため，このリストを得る仕組みを自製する必要があった。
別添の手順書をもとにシステムから所定のデータを抽出して，その後スクリプトを実行すること。コンソールウィンドウ内で実行される。
データを変更する性質はないので，いつ実行してもよい。

休館日情報は，下のように作って，closeday.txt とする。

```
2011/4/17
2011/5/8
2011/7/1
```
(以下，必要なだけ)

貸し出し中データは，タブ区切り・シフトJISで，下のように作ってlending.txt とする。
データ行は，順に，利用者ID，友の会区分，貸出日，資料ID，書名。

```
U00100  0  2013/1/8   B00020  書名X
U00200  1  2013/1/10  B01005  書名Y
U00100  0  2013/1/21  B0005A  書名Z
```
(以下，必要なだけ)

closeday.txt と lending.txt は，スクリプトと同じフォルダ内に置いておくこと。

延滞判定のための現在日付は，スクリプト中の today_d 変数を書き換えて対応。(自動的に今日を基準に計算はしないので注意)

返却期限の計算は，下のルールに従って行った。
calc_due_date 関数内に記述してある。

- 基本的な貸し出し日数は14営業日
- ただし友の会は28営業日
- 8月に貸し出されたときは，友の会でなくても28営業日
- 「営業日」は，休館日を省いた日のこと

9.3 引継ぎ

システムの運用担当者，保守担当者が交代する事態というのは，職員の定期的な異動を前提とした組織では常に想定しておくべきことです。あなたが作成したプログラムは，いつか，別の誰かが読んで，直して，面倒を見ることになるのです。当然，そのプログラムは新しい担当者にとっても十分理解ができるものでなくてはいけません。ですから，多くの人にわかりやすいプログラムを作ることや，説明書を書き残すことはとても大事です。あなた自身は複雑でアクロバティックなプログラムが自由に書けたとしても，その様子が周りの人にとって「魔法」のように見えてしまってはいけないのです。

誰でも使えるような技術を使って，無理なく便利な機能を実現するのは，簡単ではありません。そもそも，このプログラミングという技術自体が，どうしても慣れない人を遠ざけてしまうような性質を持っていると筆者は感じます。一方，それなりにプログラミングに習熟してくると，つい熱中して難しい仕事をこなしてみせることにチャレンジしがちなものでもあります。結果として，プログラムが書ける人と書けない人の意識差はどんどん開いていってしまうのではないでしょうか。

本書を構想したのにはそういう理由があります。ここで紹介したプログラミングの知識や python の知識は，ほんの初歩にあたるものです。それを軽く使ってみるだけでもこの程度の仕事が可能になる，ということを，今までの章を費やして示しました。同時に，職業プログラマーのように高度な知識を駆使しなくても，それなりに仕事の助けとして使えることも示しました。魔法のようなプログラムももちろん仕事を向上させる役に立つのですが，一向に魔法に見えない，ありふれた道具のようなプログラムもあってよいのではないでしょうか。そういったものが，自由に手直しをされながら，綿々と使い続けられていくようになるといいな，と筆者は思うのです。

10章 本書以降の発展

　pythonについて今まで紹介したことは，正確を期してきましたが，思い切って詳細を省略してしまっているものもあり，かなり不完全です。また，サンプルを理解するために必要なことに限って説明してきましたから，体系的な知識ともいいがたいです。もしもプログラミング技術そのものをもっと深く学びたいと思う方は，しかるべき参考書籍を1冊読むのがよいでしょう。本書でいくつかの基礎知識を得た上でなら，抵抗なく読み始められるはずです。

　pythonを学ぶための書籍は多数ありますが，例として，『はじめての python　第三版』（Mark Luts［ほか］著，オライリージャパン，2009）は，この言語の初心者向けに，網羅的で正確な知識がまとめられており，学習に適しています。また，pythonのバージョン2と3の違いについて十分な説明がなされており，バージョンの異なる言語を使う場面でも参考にできます。

　ほかに，本書で触れなかったいくつかの話題について，以下に述べておきます。

10.1 いくつかのプログラム要素

　本書で触れなかったプログラミングの知識について，ここでひとつずつ挙げて，簡単な紹介のみを加えます。

ひとつは「例外処理」というものについてです。python は，プログラムの実行中にエラーを検出すると，原則として，その場で実行を中断してしまいます。たとえば，数と文字列を足し算しようとしたとき，ゼロで割り算をしようとしたとき，または「2月31日」のようなありえない日付を扱おうとしたとき，などです。

　こういった不慮の実行中断を避けるには，もちろんこういった事態が起こらないようにプログラムそのものを注意深く作ることです。ですが，もしもこういうエラーが起こったとしても，そのときに専用の処理を実行し，プログラムの実行を続行させるための方法があります。このために必要なのが「例外処理」であり，これを活用できると，エラーが起こったときでもそれに適切に対処する，より高品質なプログラムを作成できます。

　参考までに，サンプルをひとつ示します。ファイル名は exception.py とします。

```
data = "123d"
try:
 n = int(data)
except ValueError:
 n = 999
print n
```

　このスクリプトを実行すると，999 と表示されます。エラー（例外）が起こるかもしれない処理を，try の部分に書きます。そこでエラーが起こったときに限って，except 内の内容が実行される，というのが大まかな説明です。詳しくは，参

考書籍にあたってください。

　また，pythonの実行時パラメータを受け取る方法や，実行中にキーボードから情報を入力させるといういう方法にも触れませんでした。これができると，プログラムをいちいち微修正しなくても，自由な条件（たとえば，カレンダーの年月）を変数に入れながら動作させることができますから，似たような条件の仕事を繰り返し行うときなどに有用です。本書ではこれらをまだ扱わず，かわりに，プログラムの冒頭部分に変数の設定部分などを置き，この部分を直しやすいことだけを追求しました。

　また，"変数のスコープ"という比較的重要な概念にも触れませんでした。例として，関数の中で使われるaという変数と，その関数の外で使われるaという変数があったとき，場面によってどちらが使われるのか，という問題が，この概念で整理できます。詳しくは，参考書籍にあたってください。

　また，文字列にはバイト列としての文字列と，ユニコード文字列があるということにも触れませんでした。これはpythonのバージョンが2から3に上がる際に大きく仕様変更された部分ですから，必要があれば注意深く学習する必要があります。本書（バージョン2を扱う）で扱った例では，文字列はすべてバイト列としての文字列です。この文字列の弱点は，日本語が混じっているときに，1文字分を自由に抜き出して扱うことが難しい点です。pythonバージョン2にもユニコード文字列を完全に扱うための機能はありますが，通常の文字列と比較したときのさまざまな違いに注意する必要があり，本書では扱いませんでした。

10.2 データベースへのアクセス

本書では，プログラムが扱うデータとして，CSVなどのテキストファイルだけを取り上げました。通常，ある程度の規模の業務では，データを格納するために，もっと複雑な仕組みを持った専用のデータベースシステムを使います。そこにデータを格納したり，データを問い合わせて出力するためには，専用の仕組みを使うのが普通です。RDB（リレーショナルデータベース）に対して，SQLというデータベース操作用言語を使うのもひとつの例です。

こういったデータベースシステムのほとんどは，データの出力をCSVなどのテキストファイル形式で出力する機能を何らかの形で持っていますから，その工程だけをあらかじめ行っておけば，残りのデータ処理は本書で述べたようなプログラムの技術を用いて扱うことができます。また，データベースへのデータ投入やデータ更新も，テキストファイルの内容を使って行うための仕組みがあることが多いですから，プログラムを使ってそのためのテキストファイルさえ生成できるようになれば，たとえ直接扱えないようなデータベースシステムに対してでも，十分に仕事を効率化するチャンスが見出せるでしょう。

さらに，本書で紹介したpythonや他のプログラム言語では，こういったデータベースシステムと直接データのやりとりができるような機能をすでに持っていることが多いです。MySQL, PostgreSQL, Oracleなどといった典型的なデータベース用ソフトウェアの名前を聞いたことがある方もいるでしょう。pythonは（そしてたいていの他の言語も）こういった

データベースを直接扱うことができますから，テキストファイルを媒介しなくても，もっと直接的にデータを操作することができます。こういう機能を本当にうまく使いこなせば，既存の業務用システムの機能を補完するような強力なサブシステムを自前で作ることができます。ただし，相当の注意を払った上で行わないと，データの損失や整合性の破壊などといった重大なことが起こりえますから，気軽なプログラミングというわけにはいかないかもしれません。興味のある方は，参考書籍にあたりながら，まずは壊してしまっても構わないようなデータベースを準備して，それの操作からはじめるべきと思います。

10.3 インターネットプログラミング

今や，ほとんどのコンピュータはインターネットに接続されています。インターネットの本質は，遠くに離れた任意のコンピュータと自分のコンピュータがデータを交換できるという点ですが，こういった仕組みでさえ，pythonなどのプログラムを使って，今では比較的簡単に取り扱うことができます。

たとえば電子メールの送信のような仕事をする機能がほとんどのプログラム言語には（もちろんpythonにも）準備されています。たくさんの受信者に少しずつ異なった内容の電子メールを送るような仕事があったとして，これを手作業で普段使うメーラーから送信するのでは地道な作業が必要になりますし，間違いも起こりやすいでしょう。うまくこういう作業を助けるプログラムを作ることができれば，たとえば送信

先のリストとメッセージを変える部分だけはテキストファイルとして準備しておいて，あとは自動的にすべての送信先に順番に電子メールを送るといったものを作れれば，仕事がとても効率的になると期待できます。

次に，Web クライアントとして python などを使うことも簡単であることを説明します。本書ではファイルの内容を読み込んで利用するだけでしたが，これととても似た方法で，URL で示された Web 上の文書を読み込むこともできるのです。興味のある方は，ためしに下のようなスクリプトを，インターネットに接続されている状態で実行してみてください。ファイル名は webclient.py とします。

```
from urllib import urlopen
for line in urlopen('http://www.w3c.org/'):
 print line
```

下の 2 行分は，通常のテキストファイルを 1 行ずつ読み込んで処理するときにそっくりです。open の代わりに urlopen という関数を使っているだけです。実行結果としては，Web ブラウザで http://www.w3c.org/ を閲覧しようとしたときの内容が，HTML として表示されるはずです。HTML として得られたデータをどう扱うかについては少し悩んでしまいますが，URL が示す先によっては，HTML だけではなく CSV のようなデータが取得できるものもありますから，そういうデータならすぐにも実用的に扱いはじめられそうですね。

Web から取得できて活用しやすいデータ形式として代表的なものは，現在では XML が挙げられるでしょう。HTML は

(Webブラウザ上で整形されたあとは) 人間にとって読みやすい文書形式ですが, XMLはコンピュータにとって扱いやすいことをより重視する形式です。コンピュータが自動的にWebからデータを得られるように, さまざまな種類のデータがXMLとして公開されています。これも本書では述べられませんでしたが, python等のプログラム言語において, XMLを扱うための機能は完備していますから, これを覚えると, インターネットを活用したデータ処理がとても強力にこなせるようになるでしょう。

Webからデータを取得するのではなく, 逆に, Webからデータを提供するためにプログラミングの技術を使うこともできます。これも広大な話題なのですが, あえて簡単に言うと,「Webサーバーの中」にpythonなどで書いたプログラムをセットすることで, これの実行結果をWebブラウザなどに表示内容として返すことができるのです。CGI, サーブレット, などといった用語で表されるのが, この技術に関連したものです。フォームに入力された内容をもとに電子メールを送信したり, データの検索結果を表示したり, という機能を持つWebページは, こういう技術を使っています。

インターネットを使うプログラミングで一般に注意すべきことは, ちょっとした不注意でも, 簡単に他人や自分の組織に迷惑をかけられてしまうという点です。不要な電子メールを大量に送信すれば単なるスパム (迷惑メール) ですし, 1か所のWebへのアクセスを大量に行えばサーバーを遅くしてしまうなどの障害のもとになります。とはいえ, もし使いこなすことができれば, プログラミングができることの利益は何倍にもなるでしょう。

10.4 大規模なプログラム

　最後に，一人では作りきれないような規模の大きいプログラムについて述べておきます。規模が大きくなると，プログラムはひとつひとつで独立して動作するのではなく，複数のプログラムがデータを共有したりしながら，互いに連携してより大きな単位の業務をサポートしているのがふつうです。こうなると改めてプログラムとは呼ばず，多くのハードウェアやソフトウェアを複雑に組み合わせて実現されている，ひとまとまりの「情報システム」と呼ぶことが多いでしょう。図書館の業務を例にとれば，図書館の業務をひととおりサポートする総合システムといったものが思いつきます。

　こういったシステムを専門家でない私たちが作ることは，とても現実的ではありません。また，pythonのような比較的気軽な言語だけで作られているとも限りません。こういう意味では，本書で学習したようなプログラミング技術にはある程度の限界があります。ですが，システムによっては内部のデータにはある程度アクセスが許されることがありますし，データをテキストファイルに近い形式で出力できるようにもなっているかもしれません（わからなければ，ぜひ導入業者に問い合わせてみましょう！）。

　この「システム」について，プログラミングを用いて何かを改良することは，場合によっては案外可能なことがあります。操作中の画面にボタンをひとつ増やしたり，それを押したときの挙動を何か変えたり，という種類の改造は簡単とは限りませんが，いったん出てきたデータなら，活用することは比較的可能そうですし，これだけでもできるようになるこ

とは多いはずです。システム構築業者自身だって，こういうデータをうまく集計したり，並べ替えたり，という処理をプログラミングしながら，結果をきれいに整えて出力する，という仕事をこなしているのです。

　私たちがもし「ああ，その部分は集計処理とレポート整形を省略していいですよ。データだけ渡してくれれば，あとは自分たちのプログラムで処理しますから」と言えるようになれば，今まではいかにも融通のきかなかったシステムと，少し別のつきあい方ができるようになっていくのではないでしょうか。

事項索引

*主要事項を記号順,アルファベット順,五十音順に分けて配列しました。
*ページは各事項の初出および,本文での解説部分に登場するページのみを抽出しています。

●記号順

- (ハイフン) ····················· 17, 39
_ (アンダースコア) ················ 39
: (コロン) ······················ 47, 50
!= (等しくない) ··················· 73
... ···························· 16
' (クォーテーション) ············ 40, 98
" (ダブルクォーテーション) ········· 40
""" ···························· 95
[ ] ·························· 43, 47
{ } ·························· 47
* ···························· 17
/ (スラッシュ) ················· 17, 87
(ナンバー) ····················· 64
% (文字列フォーマット) ···· 65, 72, 84
+ ·························· 17, 82
+= ·························· 69
= (変数に入れる) ·················· 38
== (等しい) ······················ 73
>> ···························· 56
>>> ························ 15, 16, 18
¥ (文字列) ····················· 41

●アルファベット順

【A・B】
Alt+Tab キー ···················· 51
append ························ 100
ASCII ·························· 89
border 属性 ····················· 93
break ·························· 117

【C】
calendar (モジュール) ············ 105
calendar.month ················· 106
calendar.monthcalendar ·········· 107
calendar.setfirstweekday ········· 106
cd (Windows) ··················· 33
CGI ··························· 151
class 属性 (HTML) ··············· 100
close ························ 54, 57
cmd (Windows) ·················· 33
coding:cp932 ················· 49, 90
colspan 属性 (HTML) ········· 97, 98

事項索引········155

continue	77, 117
CSV	63, 148, 150
Ctrl+C キー	16, 52, 68

【D・E】

datetime（モジュール）	108, 109, 111
datetime.date.today	109
datetime.timedelta	111
day（datetime モジュール）	110
def	58
else	50
Excel（ソフトウェア）	11, 80, 83
exit	16

【G・H・I】

glob.glob	133
glob モジュール	132
HTML	86, 87, 88, 102, 150
if	49, 50
in	70, 102, 118, 130
int	79, 82
isdigit	79, 82

【J・K・L】

JavaScript（プログラム言語）	11
JIS（7 ビット JIS）	90
keys	71
LibreOffice（ソフトウェア）	83

【M・N・O】

month（datetime モジュール）	110
NDC（日本十進分類法）	75, 76
open	53, 54

【P・R】

perl（プログラム言語）	10
print	17
print の省略	18
.py	27
python のバージョン	12, 145, 147
python（プログラム言語）	10, 14
python（実行環境）	14
raw_input	31, 32
ruby（プログラム言語）	10

【S・T・U・V】

sort	71
split	66
SQL	104, 148
startswith	127
try ～ except	146
URL	88, 150
urlopen	150
UTF-8	87, 90, 93
VBA（プログラム言語）	10

【W】

Web アプリケーション	86, 102
Web サーバー	11, 102, 103, 151
Web ブラウザ	11, 86, 88, 150

weekday（datetime モジュール）
.... 110
while 116
Windows キー 22

【X・Y】
XML 104, 150, 151
xrange 52
year（datetime モジュール）........ 110

●五十音順

【あ行】
アイコン 29, 30, 31
値（あたい）........................... 42
インストーラ 12
インターネット 4, 149, 150, 151
エラー（メッセージ）
.... 18, 32, 33, 40, 69, 79, 82, 146
エンコード（エンコーディング）
.... 49, 89, 90
演算子 24
岡崎市立中央図書館 4
オープンソース 140

【か行】
改行文字 55, 82
開発業者（とのつきあい方）
.... 2, 3, 80, 152, 153
拡張子 27
拡張子の表示 28

貸出履歴 63
カスタマイズ（システムの）...... 3, 152
カーソル移動キー 21, 22
カッコ（計算順序）............... 19, 20
環境変数 13, 14
関数 57, 58, 61, 112, 120, 129, 132, 139
キー 48, 81
キーの存在チェック 70
キーワード検索 130, 132
組み込み関数 61
現在位置（Windows）................ 33
コマンドプロンプト 21
コメント 64

【さ行】
最後の 1 文字を取り除く 55, 69
サクラエディタ（ソフトウェア）
.... 36
サービス担当者との会話
.... 76, 113, 114, 115
サーブレット 151
三角形の面積 60, 61
サンプルデータ（のダウンロード）
... 6, 7, 64, 79, 93, 96, 99, 117, 120, 125, 132
字下げ（インデント）............ 50, 60
辞書 46, 47
四則演算の計算順序 19
実行時パラメータ 147
シフト JIS 49

事項索引 157

条件分岐 …………………………… 48
上司の一言 ………… 82, 83, 99, 123
小数の扱い …………………… 20, 21
情報源（プログラミング習得等の）
　………………… 4, 9, 10, 28, 36, 145
情報システム ……………………… 152
新着図書リスト …………………… 86
スクリプト（ファイル）……… 25, 26
スクリプトファイルの新規作成 …… 29
スクリーンショット ……………… 141
スタイルシート（CSS）………… 96
スライス記法 ………………… 67, 75
セットアップ（python 実行環境の）
　………………………………………… 12
説明書 …………………… 140, 141
説明書のストーリー ……………… 141
全角空白 …………………………… 35
全文検索 …………………………… 135

【た行】
大小の判定 …………… 49, 50, 120
対話モード ……………………… 15, 37
タグ（HTML）…………………… 86
卓上電卓 …………………………… 23
タブ区切り ……………… 78, 80, 83, 84
タブ区切りを使う理由 …………… 80
タブ文字 ………………… 35, 80, 82
タプル ……………………………… 42
ダブルクリック …………………… 31
テキスト（ファイル）…… 26, 53, 57, 63, 86, 87, 148, 149, 150, 152

テキストエディタ（エディタ）
　………………… 27, 49, 84, 85, 87, 91
デコーディング …………………… 89
データ型 …………………………… 109
データのルール …………… 126, 132
データベース（リレーショナル）…… 148
テーブル（HTML）…………… 91, 92
電子メール ………………… 149, 151
『図書館の IT 化とは何であったの
　か』………………………………… 3
ドライブ（Windows）…………… 29
ドラッグ＆ドロップ ……………… 30

【な行】
日報 ………………………… 125, 132
日本語 EUC ……………………… 90
日本語の扱い ………… 42, 49, 90, 147
入力履歴 …………………………… 21
飲み会の清算 ………………… 23, 24

【は行】
バイト列としての文字列 ………… 147
『はじめての python』…………… 145
半角空白 …………………………… 35
引数 ………………… 56, 58, 112, 113
引継ぎ ………… iii, 6, 141, 143, 144
日付型 ……………………… 109, 112
費用（システム開発の）…………… 3
表計算ソフトとの連携 …… 83, 84, 85
ファイルの書き出し …………… 56, 57
ファイルの読み込み …………… 53, 54

フォルダ名 …………………… 29
複数行にわたるデータ …………… 125
フラグ（目印） ………………… 127
ブラックボックス化 …………… 139
ブレイク（コントロールブレイク，キー
　ブレイク） ……… 73, 74, 97, 98, 128
プログラミング習得の効用 …… 4, 151
プログラム言語がなぜあるか ……… 8
プログラム言語の選び方
　………………………… 9, 104, 105
プログラムとは ……………………… 5
プログラムとファイルの検索 ……… 22
プログラムを作り直す …………… 138
返却期限 …………………………… 104
変数 ………………………………… 37
変数のスコープ …………………… 147
変数の命名 ……………… 38, 39, 76
ベンダーロック ……………………… 3

【ま行】
マシン語 ……………………………… 8
魔法 ………………………… 1, 143, 144
無限ループ ………………………… 117

メソッド ……………………… 67, 109
メモ帳（ソフトウェア） …………… 26
メモリ（記憶装置） ……………… 9, 74
モジュール ………………… 62, 124
文字列 ……………………………… 40
文字列が文字列に含まれるか …… 130
文字列フォーマット ……… 65, 72, 83

【や行】
ユニコード文字列 ………………… 147
ユーザー定義関数 ………………… 61
よいスクリプト ……… 108, 131, 139, 140
曜日を表す数値 …………………… 106
読みとばし ………………………… 78

【ら・わ行】
リスト ……………………………… 42
リストにある値があるか ……… 102, 108
リダイレクト（Windows） ………… 96
例外処理 …………………………… 146
ワイルドカード …………………… 133
割り算の計算結果 ……………… 17, 20

■著者略歴

山本　哲也（やまもと　てつや）

1973年生まれ。東北大学文学部卒業。システム開発企業勤務，フリーランス等を経て，2003年から名古屋大学に事務職員として勤務。主に情報システム管理等に従事する。

本書に記載されている会社名，商品名および製品名などは一般に各社の商標または登録商標です。
なお，本文中では，™などの表記は省略しています。

視覚障害者その他活字のままではこの本を利用できない人のために，日本図書館協会及び著者に届け出る事を条件に音声訳（録音図書）及び拡大写本，電子図書（パソコンなど利用して読む図書）の製作を認めます。但し，営利を目的とする場合は除きます。

EYE LOVE EYE

◆ JLA 図書館実践シリーズ　22
図書館員のためのプログラミング講座

2013 年 9 月 30 日　　　初版第 1 刷発行©

定価：本体 1600 円（税別）

著　者：山本　哲也
発行者：社団法人　日本図書館協会
　　　　〒104-0033　東京都中央区新川1-11-14
　　　　Tel 03-3523-0811㈹　Fax 03-3523-0841
デザイン：笠井亞子
印刷所：㈲吉田製本工房　㈲マーリンクレイン
Printed in Japan
JLA201322　　ISBN978-4-8204-1309-7
本文の用紙は中性紙を使用しています。

JLA 図書館実践シリーズ　刊行にあたって

　日本図書館協会出版委員会が「図書館員選書」を企画して 20 年あまりが経過した。図書館学研究の入門と図書館現場での実践の手引きとして，図書館関係者の座右の書を目指して刊行されてきた。

　しかし，新世紀を迎え数年を経た現在，本格的な情報化社会の到来をはじめとして，大きく社会が変化するとともに，図書館に求められるサービスも新たな展開を必要としている。市民の求める新たな要求に対応していくために，従来の枠に納まらない新たな理論構築と，先進的な図書館の実践成果を踏まえた，利用者と図書館員のための出版物が待たれている。

　そこで，新シリーズとして，「JLA 図書館実践シリーズ」をスタートさせることとなった。図書館の発展と変化する時代に即応しつつ，図書館をより一層市民のものとしていくためのシリーズ企画であり，図書館にかかわり意欲的に研究，実践を積み重ねている人々の力が出版事業に生かされることを望みたい。

　また，新世紀の図書館学への導入の書として，一般利用者の図書館利用に資する書として，図書館員の仕事の創意や疑問に答えうる書として，図書館にかかわる内外の人々に支持されていくことを切望するものである。

2004 年 7 月 20 日
日本図書館協会出版委員会
委員長　松島　茂

図書館員と図書館を知りたい人たちのための新シリーズ！
JLA 図書館実践シリーズ 既刊20冊，好評発売中

1. 実践型レファレンスサービス入門
斎藤文男・藤村せつ子著／162p／1890円

2. 多文化サービス入門
日本図書館協会多文化サービス研究委員会／198p／1890円

3. 図書館のための個人情報保護ガイドブック
藤倉恵一著／149p／1680円

4. 公共図書館サービス・運動の歴史1 そのルーツから戦後にかけて
小川徹ほか著／266p／2205円

5. 公共図書館サービス・運動の歴史2 戦後の出発から現代まで
小川徹ほか著／275p／2100円

6. 公共図書館員のための消費者健康情報提供ガイド
ケニヨン・カシーニ著／野添篤毅監訳／262p／2100円

7. インターネットで文献探索 2013年版
伊藤民雄著／197p／1890円

8. 図書館を育てた人々 イギリス篇
藤野幸雄・藤野寛之著／304p／2100円

9. 公共図書館の自己評価入門
神奈川県図書館協会図書館評価特別委員会編／152p／1680円

10. 図書館長の仕事 「本のある広場」をつくった図書館長の実践記
ちばおさむ著／172p／1995円

11. 手づくり紙芝居講座
ときわひろみ著／194p／1995円

12. 図書館と法 図書館の諸問題への法的アプローチ
鑓水三千男著／308p／2100円

13. よい図書館施設をつくる
植松貞夫ほか著／125p／1890円

14. 情報リテラシー教育の実践 すべての図書館で利用教育を
日本図書館協会図書館利用教育委員会編／180p／1890円

15. 図書館の歩む道 ランガナタン博士の五法則に学ぶ
竹内悊解説／295p／2100円

16. 図書分類からながめる本の世界
近江哲史著／201p／1890円

17. 闘病記文庫入門 医療情報資源としての闘病記の提供方法
石井保志著／212p／1890円

18. 児童図書館サービス1 運営・サービス論
日本図書館協会児童青少年委員会児童図書館サービス編集委員会編／310p／1995円

19. 児童図書館サービス2 児童資料・資料組織論
日本図書館協会児童青少年委員会児童図書館サービス編集委員会編／322p／1995円

20. 「図書館学の五法則」をめぐる188の視点 『図書館の歩む道』読書会から
竹内悊編／160p／1785円